nijino
ehonya
san
mogura
PINO
HOME
Fushigina
mado
さかな
のゆめ

本屋さんで、出版社で、絵本パフォーマー。

ニジノ絵本屋さんの本

いしいあや　文
小林由季　イラスト

西日本出版社

はじめに

「好き」を仕事に。

「夢」を仕事に。


そんな話をときどき聞きます。

どのくらいの人が「好きなこと」を仕事にしたいと思っているのでしょうか。

好きな仕事が見つからなくて悩んでいる人は、どのくらいいるのでしょうか。


私は今から7年前、「ニジノ絵本屋」という小さな絵本屋をオープンしました。

目立たないビルのなかでひっそりとオープンしたその絵本屋はわずか1・5坪の広さで、普通の本屋さんで見る定番の絵本はなく、絵本の仕入れも経営も手探り状態の毎日でした。


そんな私は、多くの人から同じ質問をされてきました。

「長年の夢が叶っての開業ですか？」

私はニジノ絵本屋をはじめるまで、絵本屋を営みたいとも、出版社を立ち上げたいとも、経営者になりたいとも思ったことはありませんでした。
夢や憧れからはじめた仕事では決してないけれど、今はとても楽しい仕事だと思っています。

それはなぜでしょうか？

開業してからの時間をさかのぼって、絵本屋に関わってきた人たちと向き合ってみたら、絵本のことはもちろん、書店、出版業界について何もわかっていない私が絵本屋を続けることができた理由が、見えてくるかもしれません。

この本では、小さな絵本屋が、絵本を通して知り合う人たちのことを好きになって、仲間が増えて、輪が広がっていった歩みを、紹介しています。
「ニジノ絵本屋」が今のカタチになるまでに登場する、たくさんの魅力的な人々にみなさんもぜひ一緒に出会ってください。きっとその先に、何か新しくてワクワクすることが待っていると思います。

さあ、ニジノ絵本屋の物語のはじまりです！

第1章 絵本屋はじめました

1 突然「絵本屋さん」になる

ニジノ絵本屋は東京都目黒区、東急東横線「都立大学」駅から徒歩2分のところにある雑居ビル3階の小さな絵本屋。どのくらい小さいかというと、店舗面積はなんと1・5坪です。

図面で見ると、「ここはトイレですか?」というくらいの狭さです。「なぜこんな狭いところに絵本屋を?」と、よく聞かれます。

2010年初秋頃、当時勤めていた会社のつながりから「このビルのこの場所で何か商売を考えるように」と言い渡されたことがきっかけでした。

「何か」ってなんだろう? 私に何ができるだろう?

私は1・5坪でどんな商売ができるかを考えました。

ジュースバーはどうだろう? コーヒースタンドでもいけるかな?

雑居ビルの3階にわざわざコーヒーを飲むために来てもらえるのかな？

いっそうのこと自販機をいくつか並べて置いたらいいんじゃないかな？

これなら人件費もかからないし……。

商売って何だろう？と、あらゆる妄想をたくさんして、コーヒーを販売するには保健所の許可が必要なのかな？などと調べたりしていました。

同じフロアには1・5坪の空きスペース以外に、小児科と薬局が入っていました。上下階には幼児教室や学習塾などもありました。

ということは、このビルにやって来るのは子どもが多いのかな？

そんなことを考えていると、「絵本」というキーワードがすぐに浮かんできました。

ずいぶん前に、幼なじみが絵本の挿絵を描いていました。そうだ、彼女の絵本も置ける！　そういえば、知り合いが絵本を作ったけれどなかなか本屋さんに置いてもらえないと言っていたな……。

一度イメージが浮かんでくると、この場所は絵本屋にぴったりだ、絵本屋を

するための場所だとさえ思えてきたから不思議でした。
私の知っている人たちの絵本を置いたらきっと楽しくなるに違いない。「ここで絵本屋をやろう！」と決めるのに、そんなに時間はかかりませんでした。
ちなみに、私は今まで、「絵本」自体、ごく一般的な感覚として好きで、友人の出産祝いに絵本をプレゼントしたりすることはありました。でも、大人になってから「絵本が大好き！」「いつか絵本屋さんがやりたい！」「絵本の仕事がしたい！」などと具体的に考えたことはありませんでした。
よく「満を持してのご開店ですか？」とか「想いをあたためて、夢叶ってのご開店ですか？」と聞かれることがあります。しかし、本当にたまたま、場所が先にあって、思いついたことが「絵本屋さん」だったというだけの突然のスタートでした。

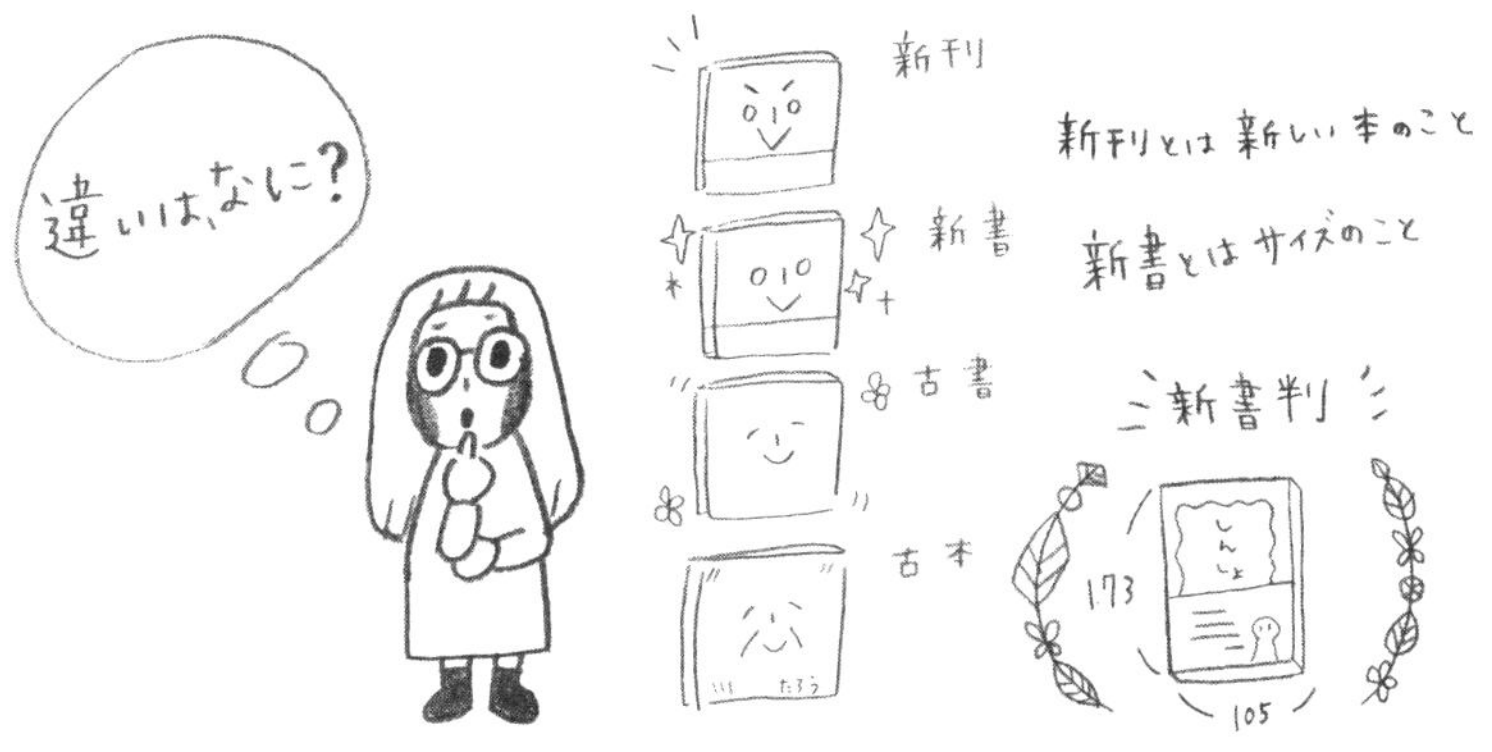

2

1・5坪の絵本屋

絵本屋をするためには、まず絵本を仕入れないといけません。ところが、本屋さんや出版社で働いた経験がないので、業界のことを何も知りませんでした。

しいていえば、20歳前後の頃、深夜に本屋さんの棚卸カウントバイトを2回ほどしたことがあるくらいでした。

バーコードをスキャンする器械を持って、棚に差さっている本を1冊1冊取り出して、冊数を入力するという作業でした。

閉店後の深夜の本屋さんに入り、ドキドキした記憶があります。

古本なら仕入れもしやすいかな。でも、小児科の隣だから衛生面を考えると古書はNGにしよう。新書だけの絵本屋にしよう。あれ？　新書？　新しい本

は新刊？

周囲から絵本屋開業の了解はもらったものの、当時の私は、新書と新刊の違いさえわからないレベルだったのです。

「そもそも絵本ってどうやって仕入れるの？」

そんなところからのスタートでした。

調べてみると、本屋さんでは出版取次（卸）の会社と契約して、そこを介してさまざまな出版社の本を仕入れることが一般的だとわかりました。取次会社にも大手から中小さまざまな会社があることもわかりました。

取次会社と契約するメリットは、その取次会社と契約している出版社の本すべてを仕入れることができること。返品が可能だということ。

逆にデメリットは、当然ながらマージンを取られるので、利益率が下がります。さらに新規開店のように実績のない店では契約条件も悪くなります。

極めつけは、契約時の口座開設に契約金がかかることでした。

たくさんの売上が見込めるのならいいですが、たった1・5坪の店舗の売上では取次会社を介すると利益がほとんど出ないことは簡単に想像がつきました。

そもそも、なんの経験も信用もない人間がはじめる絵本屋ですから、取次会社が簡単に取引してくれるはずもないのです。

絵本は背表紙よりも表紙に魅力があると思っていたので、店内の絵本の陳列を面置きにすることを決めてました。そのため1坪あたりの在庫金額が少なすぎて口座開設ができませんでした。

そんななか、小規模書店向けのサポートなどをしている会社を紹介してもらい、担当の方とお話しする機会をいただきました。その方や、取次を介さずに直接取引ができる出版社の方などに相談にのっていただきました。

みなさん「応援している」と言ってくださったのですが、やはり1・5坪の絵本屋では十分な売上が見込めないので、小規模向けの取次との口座開設さえできませんでした。仕入れってこんなに大変なんだ……と、痛感しました。

開業資金は20万円
ひつようなものリスト
¥200,000

ロゴは妹がデザインしてくれました
7色のマーク
ニジノ絵本屋

30タイトルからのスタート

仕入れの準備と並行して、1・5坪のお店作りも進めていました。お店のロゴは、デザイナーとして仕事をしていた妹・中島ナオにデザインを依頼しました。

限られた条件でのお店作りでした。壁紙は、4面のうち1面をカラーにしたいけれど、予算から選択可能なカタログには12色くらいしかない……。そのなかでかわいいと思えたのは、黄色かピンクでした。結局その2択で、正面の壁だけを黄色にしました。

DIYの得意な先輩が、手作りで壁に絵本棚も取り付けてくれました。妹がデザインした子ども用の椅子7つと狭いお店に合わせたレジカンターも作ってくれました。

内装も仕上がり、あとは絵本が並べば絵本屋さんになるというところまできました。

小さい絵本屋とはいえ60～70タイトルは陳列できる絵本棚を取り付けていたので、知り合いから仕入れた数種類の絵本だけでは寂しい感じがしました。

日本一小さな
絵本屋とよばれるほどの
せまさっ!!

彼女との出会いは2才ごろ…
りえ
あや

正木先生
せんせい
Carnimal
妹の大学のせんせい

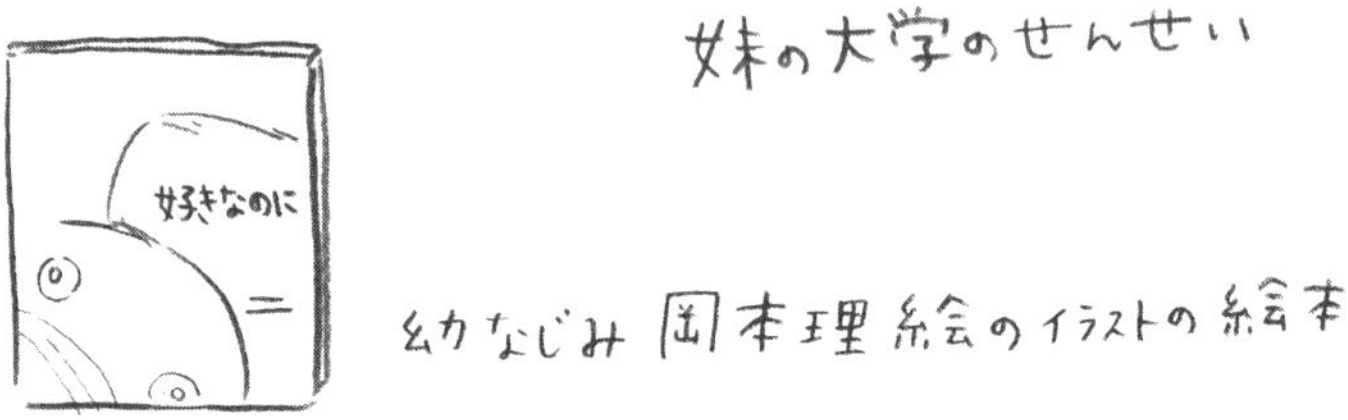
好きなのに
幼なじみ 岡本理絵のイラストの絵本

そこで、まずは30タイトルを目標に、取り扱いができそうな絵本のピックアップをはじめました。家族や知人の紹介で、自費出版や自主制作した方々から絵本を仕入れて、棚がどうにか埋まるくらいになりました。

私の幼なじみの絵本や、妹の大学の恩師や友人たちの絵本など、まずは知っている人たちの作品が並ぶ絵本屋になりました。

よく本屋さんで見かけるような有名な絵本は並べることができませんでしたが、そこには作り手さんの顔がわかる絵本たちが並んでいました。

こうしてニジノ絵本屋は２０１１年１月、事前に大々的に宣伝をするということもなく、ドタバタしながらも１・５坪の狭小スペースにひっそりとオープンしました。

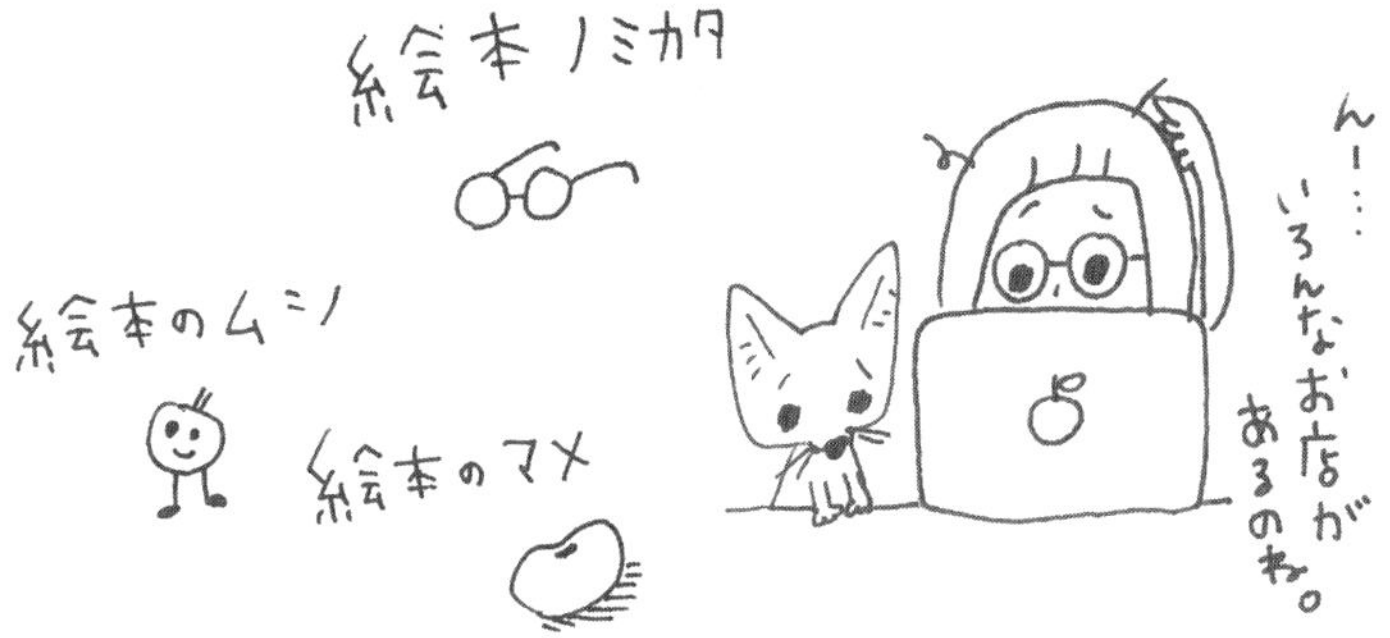
絵本ノミカタ
絵本のムシノ
絵本のマメ
んー・・・
いろんなお店があるのね。

3 絵本屋の屋号をつける

一般的に、お店の名前はどうやって決めているのでしょうか。どんな業種のお店でも、それぞれ思い入れがあってお店の名前はつけられるものだと思います。

私は絵本屋をやると決めてお店をオープンする前から、どんなに小さいとわかっていても絵本の販売とミニギャラリーを展開して、作り手さんの作品発表の場にしたいという気持ちがありました。

だから最初は「絵本ギャラリー」という言葉が入っているような名前をノートに書き出していきました。お洒落な名前より、親しみやすく覚えてもらいやすい名前を意識して候補をあげていました。

1つ決めていたのは、ほかのお店とかぶる名前をつけないということです。いい案が出るとすぐにインターネットで検索しました。

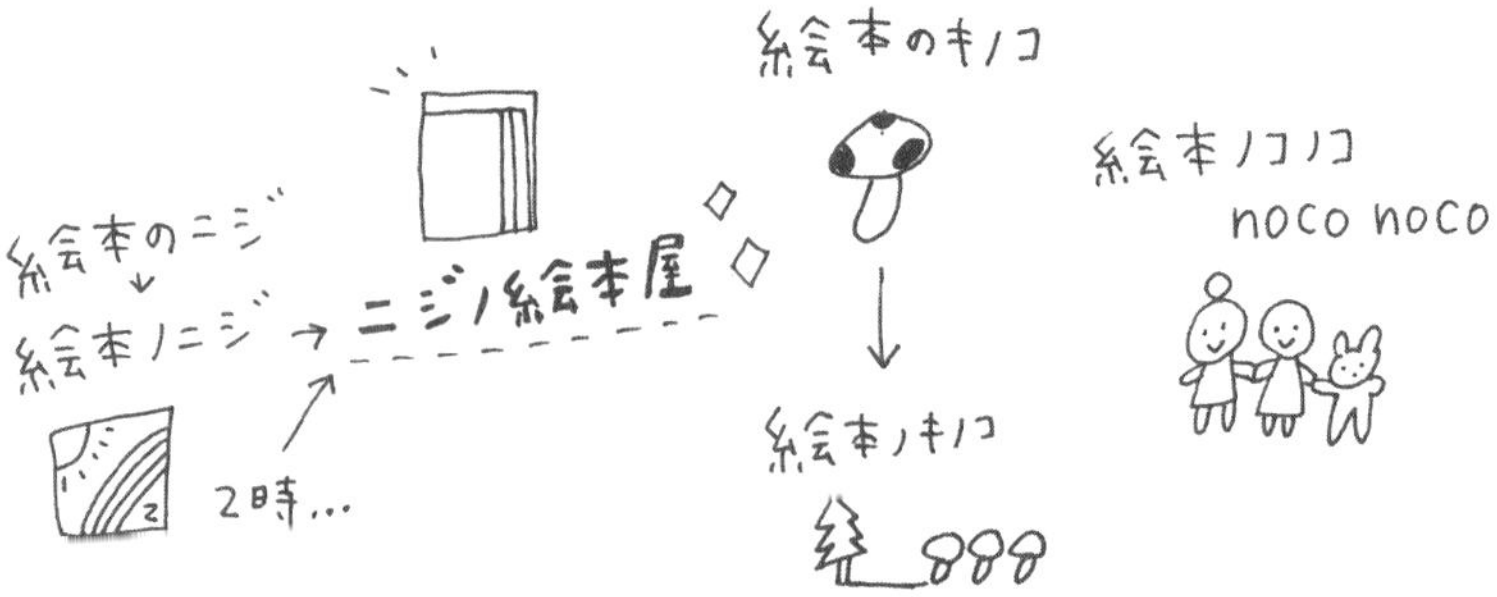
絵本のキノコ
絵本ノコノコ
noco noco
絵本のニジ
絵本ノニジ
ニジノ絵本屋
絵本ノキノコ
2時…

一番つけたかった飼い犬の名前を検索すると、木のおもちゃ屋さんが出てきました。すでに使われてしまっている！

愛犬の名前は、音もリズムも良くて、覚えやすかったのです。その名前が使えない！　私は次に、もう一匹の愛犬の名前を検索してみました。すると、同じ名前のカフェや雑貨屋さんがヒットしました。

音がかわいいからか、意外によく使われている名前でした。さてどうしたものかと、今度はその名前の前後に「絵本屋」「ギャラリー」などの単語を組み合わせて、いろいろなパターンの名前をノートに書いていきました。何十パターンもの名前を書き出し、最終的に決まったのが「ニジノ絵本屋」です。

「ニジノ絵本屋」をインターネット検索しても、かぶっているお店や会社はなさそうです。トップには仙台在住の消しゴムハンコ作家さんのブログが上がってきました。

そのブログに「ニジノ」という文字が入る、版画作品が掲載されていたのです。その作品は私の知っている「消しゴムハンコ」の世界を飛び越えているような見事なものでした。

コロリエ（アオヤマヤスコ）さんに作ってもらったハンコ

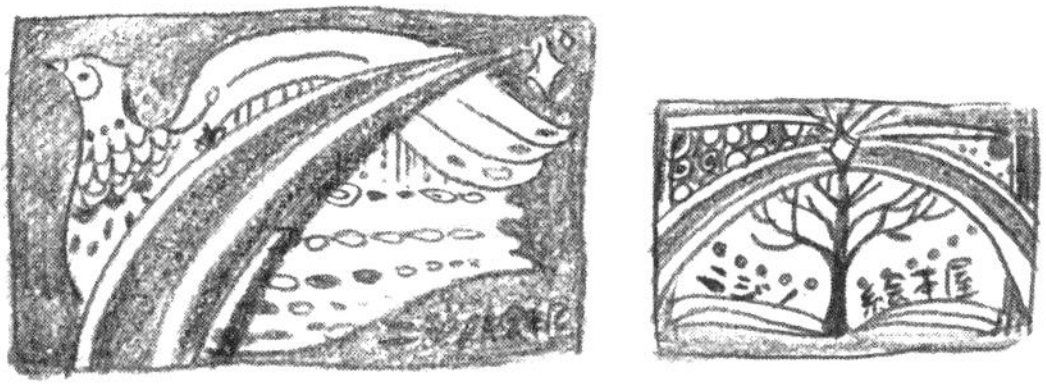

そのままブログからたどっていき、コロリエさん（現在はアオヤマヤスコ名義で活動）という名前の作家さんだとわかりました。とても素敵な作品を作る方で、どんどんサイト内の写真を見ていきました。

かわいい作品がいっぱいです。コロリエさんは手作りのショップハンコを作っていることもわかりました。

これもご縁なんだろうなと思うと同時に、コロリエさんにニジノ絵本屋のハンコを作ってもらいたいと思い、すぐにメールを送りました。

メールには、これからニジノ絵本屋という絵本屋をはじめること、どんな思いでお店を作っているかなどの熱い気持ちをのせて、会ったこともない作家さんに勝手に運命を感じていきなり連絡をしてみたのです。

そこからやりとりがスタートし、コロリエさんがインスピレーションを受けて２つのハンコを作ってくれました。

ニジノ絵本屋がオープンする直前の２０１０年の12月のことでした。

とよますさん
最初のスタッフとよますさんとは
二人三脚でお店作りをしました。

4 絵本屋、開店のとき

私はもともとの仕事を続けながらの兼業だったこともあり、ニジノ絵本屋は同じフロアのテナントの営業日に合わせて平日の数日だけ営業していました。毎日オープンしているわけではなかったので、しばらくの間は、ここは何をやっている店なんだろうと思われていたようです。

それでもリーフレットを近所のお店に置かせてもらったり、地味に宣伝活動をしていった甲斐もあって、小児科や薬局の患者さん、同じビルの人たちが遊びに来てくれたり、絵本が好きな人たちが少しずつ訪ねてくれるようになって、常連さんも徐々に増えていきました。

絵本屋のふだんの店番はスタッフを雇っていました。最初に働いてくれたスタッフは大学を卒業して1年目の女優を目指している女の子。彼女とは二人三脚で店舗運営をしていて、いろんなことにチャレンジしました。

絵本の読み聞かせに興味を持っていた彼女との会話から、近隣の保育園などに向けて読み聞かせ事業をスタートすることになりました。

もちろん、絵本の読み聞かせが絵本の販売につながるようになればという営業活動の意味もありました。まずは、絵本屋の下の階にある幼児教室さんを訪ねました。

開店後半年ほど経った頃、彼女からある有名デザイナーの方が作られた素敵な絵本があると報告を受けました。環境問題を取り扱った内容で、表紙が黄色。黄色い壁紙の絵本屋に合うかもしれない！　私は興味を持ちました。絵本作家さんではないし、直接仕入れられないか事務所に問い合わせをしてみよう！

すると丁寧な返信がきて、ぜひ取り扱いをしてくださいとのことでした。ただ、事務所では絵本の在庫を持っていないので、出版社さんに問い合わせをしてみてくださいとメールには書かれていました。出版社さんに連絡をしてみましたが、直接取引は難しいという回答でした。

ここであきらめるわけにはいきません。私はめげずに、「著者さんが、当店で

仕入れの条件
1.返品不可（買い切り）
2.発注は週2回
3.3万円以下は送料発生
仕入れができるようになったよ

の取り扱いを希望しています！」と、伝えたところ、「小口向けの卸売りをしているところがあるので、そこから仕入れてください」と、子どもの文化普及協会さんを紹介されました。

そんな出会いから、現在まで、一般流通している絵本は子どもの文化普及協会さんから仕入れをしています。

ここは、購入金額の合計3万円以上だと送料がかからないということと、買い切り、週に2度、日曜日と木曜日に発注できるなどの条件がありました。新たな仕入れ先ができたことで、商品のバリエーションが増え、物販での可能性は一気に広がりました。

こうして、目の前の状況に対応しながらはじまった絵本屋の経営は、実店舗を持っていたにもかかわらず、具体的なビジョンがあったわけではありませんでした。

当時はなんといっても1・5坪の店舗です。どうやっても十分な売上を得ることはできませんでした。

最初の1カ月の
売上は、37,550円
本が売れた。
それだけでも…
うれしいなあ。

このまま同じスタイルでやっていく限り利益が出ず、仕入先が見つかったとはいえ、経営を続けることはむずかしいんじゃないかな？　そう気づいたのは、開店して半年が過ぎた頃です。

もしかしたら、スタッフのアルバイト代さえまかなえないんじゃないの？　不安になるほどの利益しか出ない日もありました。少なくともスタッフたちに安心して働いてもらえるだけの売上は必要です。何かテコ入れをしなければと思うようになりました。

5 作り手と読み手をつなぐ虹のかけ橋

絵本屋をはじめるにあたって最初に決めていたことは「私だからできること」をしようということでした。営業時間や店の広さ、仕入れなどの制約が多いなかで、そういったマイナス要因をプラスに変えることができないかな？

Book
=
ようこそー!!!
ニジノ絵本屋では
あまり一般流通していない
絵本をインディーズ絵本とよんでいます
ニジノ絵本屋でしか
買えない本

たとえば「通常の仕入れができない」＝「作り手さん本人または、知り合いからでないと仕入れができない」となると、必然的に知っている作り手さんの絵本が集まってきます。

当時は知り合いに有名作家（流通している絵本を描かれている作家）さんなどいなかったので、インディーズの絵本ばかりです。

となると、ほかではあまり買えない絵本、言い換えれば、通常の本屋さんでは取り扱っていない絵本が集まりました。結果として「ニジノ絵本屋でしか買えない絵本」たちが並ぶ絵本屋になったのです。

こうして、ニジノ絵本屋の１・５坪の店内には、作家さんが自主制作した絵本や、知り合いの出版社さんから直接仕入れた絵本たちが並びました。タイトル数は少ないものの、大きな特徴となりました。

作り手さんたちに「ニジノ絵本屋で販売開始しました！」と報告すると、喜んでニジノ絵本屋に見に来てくれました。

「そうか、そうしたらニジノ絵本屋はご縁のある作り手さんの絵本を、次の読み

友人と2人でフラワーアレンジメントのユニット活動もしています

手さんにつなげる役割を担えばいいんだ！」

「読み手さんも作り手さんの顔が見える絵本屋で絵本と出会える、そんな場所にしていけばいいんだ！」

屋号を「ニジノ絵本屋」に決めたとき、「作り手と読み手をつなぐ虹のかけ橋になりたい」と思いました。そのかけ橋としての自分の役割が見えてきたようでした。

余談ですが、絵本屋をはじめるずっと前から、友人とフラワーアレンジメントのユニットを組んで活動をしています。活発に活動をするにはお金がかかりますが、お金をかけずに自分たちの作った作品を展示販売できないか工夫をしていたことがあります。だから絵本屋をはじめるときにもなるべく作り手さんの気持ちに寄り添ったお店にしたいと思っていました。

ですから絵本販売だけでなく、作り手さんの作品発表の場にもお店を使ってもらいたいという気持ちがあったので、お店の壁のうち一面は展示スペースにしようと、絵本棚を取り付けなかったのです。小さいながらもギャラリースペースだけは最初から確保していたのです。

6 売るものを自分で作る

オープンからまもなく1年を迎えようとしても、まだ仕入れ状況に変化はありませんでした。そんななか、私が考えはじめていたのは、仕入れが厳しいのなら、自分で絵本を作ればいいのでは、ということでした。

たとえば出版社さんから直接仕入れる場合、仕入れ値は定価の7～9掛の間です。

1000円の絵本を販売しても300円から100円しか手元に残らない現状をどうにか打破できないかとずっと考えていました。

「自分で作った絵本なら売れた分だけ利益が出るはず！　仕入れて売るより、作って売ったほうがこの先の可能性があるのではないのかな？」

パン屋さんがお店でパンを作る…
絵本屋さんがお店で絵本を作る…!!

パン屋さんはパンを作って売っている！　絵本屋さんが絵本を作って売るのは自然なことのはず！

今振り返ってみると超絶安易な思いつきです。そもそも絵本屋を1年近くやってきただけで、出版のなんたるかをまったくと言っていいほどわかっていないのですから。

驚くほど無謀な考えですが、それでも私の頭のなかには「まずはやってみよう」の精神から、「自社で絵本レーベルを立ち上げてみよう」という思いだけが満ちていたのでした。

7 はらぺこめがねと出会う

ニジノ絵本屋がオープンした2011年の秋、絵本屋のハンコを作ってもらったコロリエさんが東京で開催されるイベントに出店すると聞いて訪ねて行きました。

たくさんの作り手さんが出店している会場で、かわいらしいイラストのペーパーアイテムを販売しているブースが目につきました。そこではイラストレーターの女性がその場でお客さんの似顔絵を描いていました。彼女のイラストが気に入った私は、自分の似顔絵を描いてもらいながら、彼女が轟ロックさん（現在は関かおり名義で活動）というイラストレーターで、夫の原田しんやさんと「はらぺこめがね」という夫婦ユニットを組んでイラストを描いていることを聞きました。

さらにおしゃべりをしていると、彼女たちの住まいが都立大学だということ

を知りました。こんな偶然の出会いがあることに驚きながら、私も都立大学で絵本屋をやっていることを話し、ぜひお店に遊びに来てくださいと伝えました。

そして、彼女たちのイラストがあまりにかわいかったので、質問してみました。

「絵本は描いてないんですか？」

「作りたいと思ってるけれど、作ってないんです」

学生時代に少しやってみたことがあるそうなのですが、描きたいシーンはあるものの最初から最後まで物語としてつなげることのむずかしさを感じているのだと話してくれました。

なるほどそうか、そんなこともあるのね、

かわいいキャラクター担当
おいしそうな食べ物担当
原田しんやさん
関かおりさん

と思いながら、絵本屋でまた会いましょうねと約束してその日はお別れをしたのでした。

そして2012年1月。年始から少し過ぎたくらいのタイミングで絵本屋に遊びに来てくれた彼らに、私は「一緒に絵本を作りましょう!」と声をかけていたのでした。

彼女たちに会って作品を見せてもらったときから

「はらぺこめがねの絵本があったらいいな」

「彼らとだったら一緒に絵本が作れるかもしれない!」

漠然と、この2人と絵本を作ったら楽しそうだなと思っていたのです。絶対にかわいいものができると、直感で思っていました。

私が絵本を作って売ろうと思っていたところに、絵本を作りたいと思っている2人と出会って、「一緒に作ろう!」と、自然に誘っていたという流れです。

ゲストコラム①

突然の絵本作り

はらぺこめがね（絵本作家）

あれは暑い日のことでした。

僕たち、「はらぺこめがね」は2011年の9月に結成したのですが、結成ほやほやのタイミングでアートイベントに出店していました。

アートイベントでは当時活動の半分を占めていた似顔絵を描いたりオリジナルグッズの販売などをしていました。

暑い日の野外イベントだったので、汗だくになり意識も遠のきそうになったりしながら似顔絵に挑んでいました。

「なにこれーぇ、ちょーかわいぃぃー」

そう言いながら女性が近づいてきました。

「えーかわいいんだけどー、あたいこれやるわー」

これが、あやさんとの出会いでした。

似顔絵を描きながらおしゃべりをしていると、絵本屋を1年ぐらい前から営んでいるとのこと。

イラストレーターとしてまだまだ駆け出しだった僕たちも絵本に興味があったのでねほりはほり素性をお聞きしていると、お店が目黒区で最寄りは都立大学駅ということが判明。

じつは、僕たちも上京してからずっと都立大学に住んでいたので大いに盛り上がりました。

そして、今度ぜひ絵本屋におじゃまさせてくださいと言って似顔絵をお渡ししてその日は別れました。

それからなんやかんやで結局おじゃましたのが年明けの1月。

「お久しぶりでーす」

おじゃまするやいなや、

手製本や
ZINEの形は
どうか?
お金はいくらかかるか?

「お久しぶりーー！　絵本作ろーっっ!!」

「えっ?」

「はらぺこめがねさんと絵本作りたいのーっっ」

「は、はいっぜひっっ」

ということで、お互い絵本作りはまったくの初めてのド素人が必死になって作ったのが僕たちのデビュー作『フルーツポンチ』。

出会って1年も経たないうちに1冊絵本を作ってしまいました。

今もこうして僕たちが絵本を作り続けられるのもあやさんとの出会いがあったからこそです。

見た目とは裏腹にパワフルでスピーディ、そして意外と頼りになる、それがニジノ絵本屋・いしいあやという女性です。

本当にありがとうございます。

これからもよろしくお願いいたします。

処女作
フルーツポンチ

絵本を仕入れて売ること

ニジノ絵本屋の「絵本（作品）の仕入れ」には「委託」と「買い切り（買取）」の2種類があります。委託は商品を預かって、売れた分を後日清算する方法で、買い切りは買い取ってしまうことです。

委託は通常売れなかった分を「返すことができる」というシステムですが、絵本屋では返品ありきの「委託」ではなく、売上が立って、次回仕入れ時に前回分の清算を行うというスタイルをとっています。仕入れの段階で支払いが発生すると運営上苦しくなってしまうので、仕入先さんにご理解いただいて行っているものです。

そもそも、返品することが前提の絵本をお店に並べるというのがあまり理解できませんでした。もちろん、置いてみないと売れるかどうかわからない絵本にリスクを背負うのは正直厳しいです。

でも、仕入れたからには責任を持ってどんなに時間がかかっても売り切ろう、届けよう、そう思いました。

開店当時は、「次回仕入れ時に前回分の清算」というスタイルで回していましたが、商品点数が増えるにつれ、清算管理が大変になってきました。

そして、自分が出版社として「卸す側の立場」になって気がついたこともあります。やはり「買い切り」のほうが、卸す側としてはありがたいのです。その分、小売先にも利益があるように条件を良くします。

そういうこともあって、最近の絵本屋は仕入れを買い切りにして、掛け率を下げてもらう交渉も行っています。

自分が「仕入れる立場」と「卸す立場」両方の側面があるからこそ見えてくることがあります。

でも、開店したばかりでまだ仕入れをうまく回すことができなかった頃には、委託販売をさせてもらえてとても助かっていました。

絵本は作るのにとてもお金がかかります。卸価格の下げすぎは作り手さんに申し訳ないとも感じます。でも、利益の出ない絵本を販売していても、店舗運営を長く続けていくことができません。そこに、販売店としてどうやっていけば運営を続けていくことができるのか、販売戦略も大事だと思っています。そう考えると、仕入れの部分にたくさんヒントが隠されているような気がしています。

先日、ニジノ絵本屋のお店で取り扱っている雑貨の作家さんから、「動いていない在庫のものを引き上げて、売れそうな作品と交換しますね」と、連絡がありました。簡単に言うと、不動在庫を送り返してほしいという、返品依頼です。

スタッフから「返品時の送料はどちらが持ちますか？」と、質問されたときに、私は「はて？　返品？」と、なりました。仕入れたものは返品することなくほとんど売り切っていたため、この日は迷ってしまったのです。

よく考えたら、今まではどちらかに過失がある場合にしか、商品や作品を返品したことがなかったことに気づきました。過失返品時の送料負担は決まっているので迷うことがありません。

今回の件を受けて、新規の取り扱いをはじめるときには、返品時の送料負担についても取り決めておかないといけないと学ぶことができました。

第2章
絵本作りはじめました

1 初めての絵本作り

さて、はらぺこめがねの絵本を作る時点で私が決めていたのは、2人の作風を生かす絵本にするということだけ。どんな絵本にしようか、3人で何度も会って相談をしました。そこから生まれたのが、ニジノ絵本屋の記念すべき1作目『フルーツポンチ』です。

フルーツポンチをテーマに選んだのは、幼い頃から「スイカのお皿」に憧れていたから。子どもの頃、絵本に出てくるような果物の器や葉っぱのお皿に憧れたりしませんでしたか？

私は母に何度かスイカのお皿を作ってほしいとお願いをした記憶があるのですが、叶えてもらえなかったのです。

だから私にとってスイカのお皿に入ったフルーツポンチは、ロマンそのもの。きっとみんなもワクワクするはず！　そんな思いを2人が受け止めてくれ、絵

本作りがスタートしました。

じつはこのとき、1冊だけで終わるのではなく、絶対にシリーズ化したいと思っていました。というのは、試しにとりあえず1冊出すだけなら誰にでもできることだろうと思っていたこともあり、なんとなくではありましたが、「一発屋と思われたくない！」という気持ちが先行していて、最低でも3冊は出そうと決めて絵本作りに取り掛かりました。これは私にとって大きなチャレンジでした。「最初はフルーツポンチにするとして、2作目、3作目のバランスが大事だよね」はらぺこめがねの本を「はらぺこ印」と名づけてシリーズ化することを、3人で確認してから制作を進めました。

とはいえ、私もはらぺこめがねも、絵本を作った経験がありません。全員にとって初めての絵本作りです。

フルーツポンチのテーマのもと、まずはキャラクター設定を考えました。人物担当のかおりさんにあらゆるパターンを描いてもらいます。主人公は男の子？

それとも女の子がいい？　そもそも人間にする？　そんなところから、イラスト案を起こしてもらいました。そしてしんやくんには、フルーツポンチに出てくる食材のイラストを描いていってもらいます。

どんなフルーツが入っているとワクワクするか、どんなカットで見せるか、どんなテキストがどこに入るか、「一緒に作って、一緒に売る」を合言葉に、手探りの状態で絵本作りを進めました。

「一緒に作って、一緒に売る」とは、私たちが作ったものは自分たちで売ろうという気持ちがあったからです。

買ってくれる人の手に届くまで、作り手が責任を持つのが当たり前なのではないかというのは、３人が共有していた考えでした。

そして、絵本を作って届けるまでの役割分担を話し合いながら決めて、思いついたことがあれば伝え合う、なかなか決められないことは案を出し合う、わからないことが発生すれば調べ合う。チームワークがとれていたからこそ「絵本を一緒に作ろう」と決めてから半年ほどで刊行することができたのだと思います。

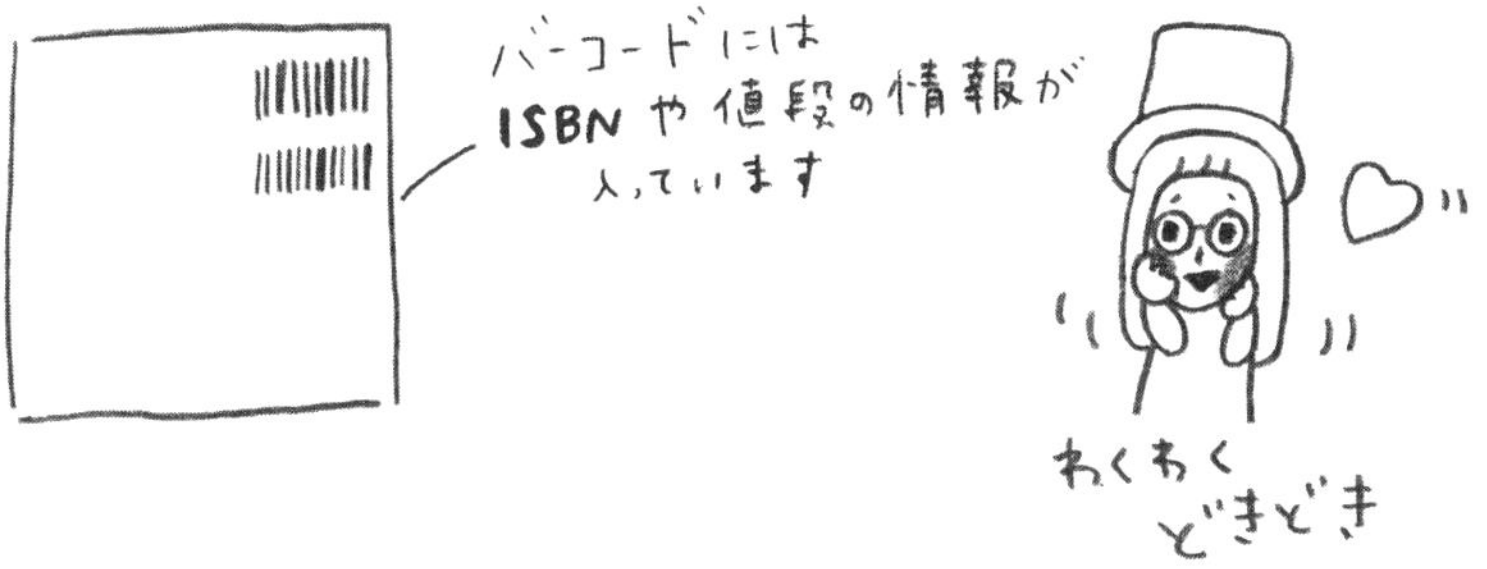
バーコードには
ISBNや値段の情報が
入っています
わくわく
どきどき

初めての印刷製本

絵本屋では絵本を売っていたものの、本の成り立ちや制作上のルールについて、私はほとんど何も知りませんでした。

たとえば、絵本に限らず一般書籍のページ数は8や4の倍数で作られていること。これは大きな紙を効率良く裁断して印刷製本するための基本中の基本のルール。そんな基本知識を教えてくれたのは、印刷製本をお願いすることになった印刷屋さんの営業さんでした。

また、本屋さんで流通している本にはISBNという書籍コードがついていて、本を出すならそのコードを取得していたほうがいいことも知りませんでした。

表紙や裏表紙のほかに「背」とか「扉」とか、そんな呼び名があることを今でこそ知っていますが、当時は知りませんでした。「奥付」とか「表1」とか、業界関係者の口から出てくる言葉にその都度、

「え？　なんですかそれ？」

と聞いてはメモする始末でした。覚えることがたくさんありました。

なかでも一番わからなかったのは、お金のこと。著者に払うギャラはいくらくらいが相場なのか、支払うタイミングはいつなのか、印刷製本代に対して定価をどのくらいに設定すれば適切なのか。何もわからないし、当時は知り合いもそんなにいなかったので、周りに相談しないまま感覚だけで決めていました。

絵本を作る知識やノウハウはなかったけれど、はらぺこめがねの2人はもともとグラフィックデザイナーとして仕事をしていたこともあり、レイアウトデザインをして入稿データを作成するところまでは自分たちで行うことができました。何もかもが初めての経験で、もしかしたら遠回りもたくさんしたのかもしれないけれど。1作目がはらぺこめがねの2人と一緒だったからこそ、自分たちが納得できる絵本に仕上げることができたと思っています。

ISBNってなんだろう

じつを言うと、本の後ろについているバーコードは会計のときに〝ピッ〟とするものだという程度の認識でした。レジで〝ピッ〟としない場合は、必要ないと

思っていたのです。

ニジノ絵本屋の絵本は、自分たちで作って、自分たちで届ける「インディーズ絵本」なのだから、流通コードは特に必要ない、あれはメジャーどころがつけるものなんだろう、そんなふうに考えていました。

だから、営業先で「ISBNが付いていたら取り扱うけど……」と言われるまで、その必要性に気づいていなかったのです。

そんな折、2015年の12月の出来事です。

絵本屋の隣の駅、自由が丘にあるミシマ社さんにご挨拶を兼ねてうかがいました。少し前に、京都にあるミシマ社さんの書店に立ち寄っていたので、東京に戻ったらご挨拶に行こうと思っていたのです。

ミシマ社さんでは、営業の渡辺さんがあたたかく迎えてくださいました。渡辺さんは業界に長くおられる方で、いろいろなお話をしてくださいました。

そして、ニジノ絵本屋の絵本を紹介させていただいたときです。

「なぜISBNをつけなかったの?」

レジスターがなかったから
ISBNいらない!って思ってました

と聞かれたのです。

「なぜ？？？」

その質問に、私は即答できませんでした。なぜＩＳＢＮつけなかったのか、自問自答がはじまりました。

「必要ないと思ったから……？」

だけど、なぜ必要ないと思ったのだろう？　そもそもなぜ「つけない」選択をしたのだろう……？

そんな思いが頭のなかを巡り、最終的に出てきた言葉は、

「つけ方を知りませんでした……」

そもそもＩＳＢＮについて調べることもしていなかったのです。そういう認識もなかったからなのですが……。

すると渡辺さんは席を立ち、１冊のファイルを持って戻って来られました。そしてＩＳＢＮについて、ネットから申請すれば取得できることを含めて説明をしてくださったのです。

その日、帰ってすぐに申請の手続きを行い、数日後、無事に「ニジノ絵本屋」の

ISBNを取得することができたのでした。

絵本の初版冊数と増刷

印刷製本屋さんを決めるにあたり、インターネットで調べたり、相見積を取ったりしましたが、相場がわからず、印刷代にしても印刷屋さんに「安くしてます」と言われたら「あ、安くしてくれたんですね」と、そのまま真に受けていた感じでした。

『フルーツポンチ』の初版印刷部数は1000部。1000部に決めたのも本当に根拠がなく、500部と1000部では印刷費用があまり変わらないから、500部ではもったいないよね、という感じで決めてしまいました。

かといって1000部を売り切る自信があったわけではありません。

はらぺこめがねの2人も初めての絵本なので自分たちの絵本がどれくらいの部数売れるか、まったくわからない状態でした。

今でも部数や定価を決定するときには1000部か2000部か、定価はいくらにしようかと悩んで決めています。たくさんの部数を刷れば単価は下が

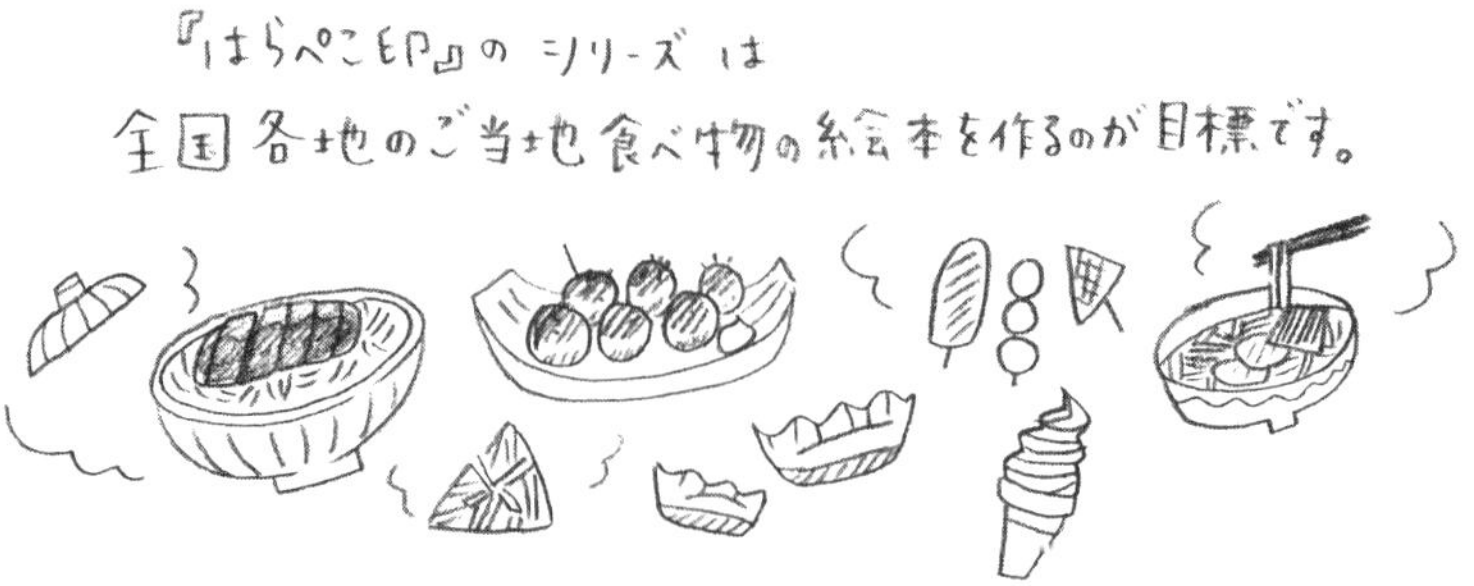
『はらぺこ印』のシリーズは
全国各地のご当地食べ物の絵本を作るのが目標です。

りますが、一度に支払う印刷製本代は高くなってしまうので、いつも答えはすぐに出ないのです。本当は、平均して２０００部ずつ刷れるくらいの資金が常にあればいいのですが。

１０００部刷った『フルーツポンチ』がどこまで売れるかわからずスタートしましたが、発行2カ月後の9月から、私とはらぺこめがねは次の絵本『すきやき』の制作に向けて絵本作りを進めることになったのです。

最初からシリーズで作ると決めていたので、タイミング的には予定通りでしたが、とにかく3人での絵本作りが楽しかったのです。

初版１０００部だった『フルーツポンチ』は、２０１４年6月に１０００部の増刷が決まりました。これは、3作目の『ハンバーガー』の出版のタイミングに合わせて、全国展開しているTシャツブランドさんで、はらぺこめがねのフェアがはじまったためです。フェアに合わせて全国のお店に置く分として、『フルーツポンチ』と『すきやき』をたくさん注文していただき、『フルーツポンチ』の増刷代をまかなうことができました。

また、自社レーベルを持ったことで、保育園などに対して子どもたちへのプレゼント用に、『フルーツポンチ』を割引価格で提供させていただくといった提案が可能になりました。そういう意味でも出版をしたことはとても意味があって、少しずつとはいえ大口の注文を受けられるようになりました。

そして私たちも、各地のイベントへの参加も増え、当初の「一緒に作って、一緒に売る」の合言葉通り、お互いが積極的に紹介していったことで「はらぺこ印」のシリーズ絵本の在庫は順調に減っていきました。

2 バイリンガルの絵本

ニジノ絵本屋のある「都立大学」駅周辺は、小さな商店街のなかにおしゃれなカフェやショップがほどよくあって、子育て世代やお年寄りなど幅広い年齢の

人が行き交う街です。世代や国籍を超えて住みやすいエリアなのか、外国人のファミリー層も意外と多いことに気づきました。あるとき、

「国際結婚をして海外に住む娘の子どもにプレゼントしたいから、日本語と英語が書かれている絵本がほしいの」

というご婦人が絵本を買いにいらしたことがありました。

また、同じビルの下の階にバイリンガル幼児教室があったことから、

「バイリンガルの絵本はありますか?」

と聞かれることもよくありました。でも絵本屋で扱っている絵本はどれも日本語のものばかりです。もしかして日本語と英語を併記したら、もっとたくさんの人に喜んでもらえるのかなと思いはじめた頃、『フルーツポンチ』をカフェスペースに置いてくれている近所の仲良しのお店から、

「外国人のお母さんがカタコトの日本語で、ハーフのお子さんに読み聞かせをしていたよ」

と、教えてもらいました。

『フルーツポンチ』は擬音語をひらがなで書いているのですが、たまたまその外

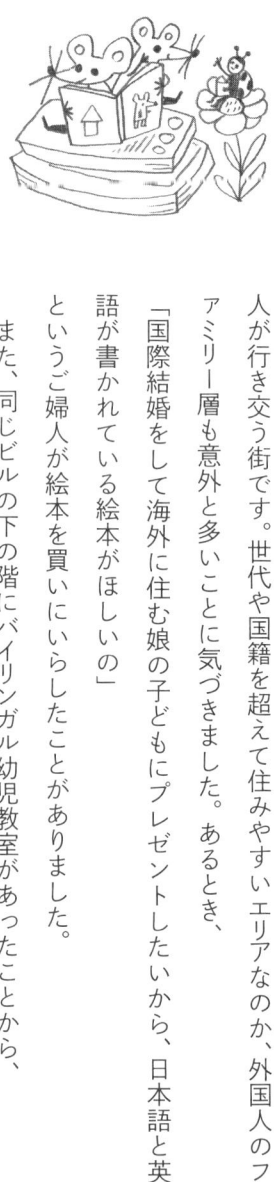

SUKIYAKI
世界をねらっていこう!!
自分たちでもいっぱい作って食べたよ。
おー!!
浅草にすき焼きたべにいったよ。
2012年9月

国人のお母さんはひらがなが読めたけど、もし日本語がわからない人だったら？

その話を聞いたときに、絵本屋で出す絵本はなるべくなら、読み手を選ばないものにしたいと思ったのです。

「よし、次に出版する絵本からは、日本語と英語で書いたバイリンガルの絵本にしてみよう」

こうしてニジノ絵本屋レーベルの絵本は、2作目以降すべてバイリンガルの仕様になりました。

ちなみに、2作目の絵本のテーマに『すきやき』を選んだのは、フルーツポンチとまったく違うタイプの食べ物にしたかったから。鍋やカレーも案に出ていましたが、むかし、故・坂本九さんのヒットソング「上を向いて歩こう」がアメリカで「SUKIYAKI」という名前で出ていたことが頭のなかにあったからです。

「日本の食べ物＝すきやき」は最高の知名度があるに違いない！　国際的に羽ばたけるかもしれない！　そんな強い思い込みによる発想でした。のちにこの

宮坂さんからお手紙きましたよ
スタッフのみやけさんがいつも報告してくれました。

発想は、ヨーロッパでまったく通じないということが発覚するのですが、そのお話はまたあとで。

3

88歳の絵本作り

童《わらべ》画《が》家　宮坂榮一さん

絵本屋がオープンして丸2年が過ぎても私は会社員のままで、絵本屋の仕事は休みの日にするダブルワーク状態でした。お店番をしてくれているスタッフからは、毎日どんなお客様が来られたとか、どんなご要望があったかといった報告を受けていました。

そんななか、スタッフから同じお客様についての報告が何度かありました。「近所に住むおもしろいおじいちゃん」で、「若い頃は雑誌の挿絵や漫画を描いていた」とか、「手塚治虫さんとも知り合いだった」とか、『りぼん』の創刊号から仕事をしていた」とか、その方が来られるごとに情報がどんどん増えていきました。

オリジナルレーベルの2作目となる『すきやき』を出版したあとのことです。「自分も絵本を出したいから、オーナーさんに取り次いでほしい」という伝言とともに、その方は自分が描いたという原画をスタッフに預けられました。それはレトロでやさしい雰囲気にあふれた絵。ひとめ見て私はファンになってしまいました。

作者は宮坂榮一さん。これまで多くの挿絵を描いてきたけれど自らの絵本を出したことがなく、「自分のオリジナル絵本を出したい」という思いで、あちこちの出版社に原稿の持ち込みをされてきたのだそうです。他社さんとはご縁がなかったそうですが、私は、若い人には描けないような懐かしさを感じるその絵を新鮮に思いました。

でも、ニジノ絵本屋が作った絵本は、はらぺこめがねの2人と「一緒に作って、一緒に売る」を合言葉に進めた2冊だけ。残念ながら、宮坂さんが長年あたため

てこられた「絵本を出したい」という思いを安請け合いできるほど、絵本屋には資金に余裕がありません。

絵本屋では、出版社としての取次契約をしていなかったので、全国の本屋さんに流通させることが不可能です。「一緒に作る」はできても、「一緒に売る」はできるかな……。

直接お会いしたときに、ニジノ絵本屋がどういう仕組みで今までの2冊を出版しているかを説明して、率直にお尋ねしました。

「どのくらいの冊数なら、宮坂さんのお知り合いなどに買っていただけますか?」

ある程度の購入が見込めるのなら、という思いがありました。

でも、宮坂さんからの回答は、

「知人の大半が他界しているので、購入はむずかしいです」

とのことでした。大変お若く見える宮坂さんですが、88歳なのですから無理もありません。

4 初めてのクラウドファンディング

「宮坂さんの長年の夢を叶えたい」という思いもありましたが、それと同時に、『りぼん』の創刊号から仕事をされてきた方と一緒に絵本を作ることは、私にとってもとても勉強になるだろうと思いました。

この時点ではらぺこ印の本は2冊完成していましたが、その次にどんな作家さんとどんな絵本を作るのかイメージがわいていないこともありました。

宮坂さんは携帯電話もパソコンもお持ちではなく、連絡方法はいつもご自宅の電話かお手紙。達筆でしたためられた手紙でのやりとりは最近にはないアナログさで、新鮮に感じました。

宮坂さんと一緒に絵本を作ってみよう、と覚悟を決めたものの、印刷製本代をどうやって工面しよう。何かいいアイデアはないかな。ぐるぐると考えていました。

そんなあるときテレビを見ていたら、海外では新たな資金調達の方法としてクラウドファンディングなるものが注目されているということが紹介されていました。今でこそ日本でもクラウドファンディングが盛んになっていますが、2013年当時は、まだクラウドファンディングという言葉そのものに馴染みがなかったうえ、周りに聞いても詳しい人はいませんでした。

でも、「新しい事業やアイデア、プロジェクトを実施するにあたっての資金提供をウェブ上で募る」という考え方に、ひとすじの希望のようなものが見えてきました。

日本でクラウドファンディングをやっている会社を調べ、宮坂さんにも相談したところ、それで出版できるのならお任せする、というお返事をいただきました。

2014年2月、クラウドファンディングを利用した資金協力の呼びかけを開始しました。

宮坂さんは、「みんなで一緒に」ということをテーマに体育や音楽、理科とい

った科目別で描いた絵本にしたいという思いをお持ちでした。作品のアイデアを練っているうちにどんどん絵を描いていかれて、最終的にはどんぐりが力を合わせてお相撲をとる内容の『はっけようい』と、みんなで歌をうたう『うたいましょう』の2冊を同時リリースすることに決めました。

クラウドファンディングへの不安

クラウドファンディングはとても素敵な仕組みだと思います。でもその頃、身近な人たちにクラウドファンディングを説明しても、少し怪しまれてしまうなど、私の周りのほとんどの人がその単語すら知りませんでした。

そういう私自身、テレビで知ったときには「へー」と、思う程度で、その後まさか自分がそのシステムを利用する日が来るとは思いもしませんでした。

当時はクラウドファンディングのプラットフォームも今ほど種類はなく、大手2社のどちらを選ぶかという状況でした。そのなかで、ほとんど直感で、A社にお世話になることに決めました。

最初にＡ社に審査の申し込みをしたとき、正直に、このシステムを利用するデメリットを懸念していて周囲の人にどう映るか心配であることをお伝えしました。もし何か問題が発生したら、私や絵本屋だけでなく、宮坂さんの名誉にも関わると思ったからです。

その後、Ａ社から、「絵本を形にする目的に向かってがんばりましょう！」と丁寧なお返事をいただき、クラウドファンディングをすることに決めました。

クラウドファンディングで得たもの

クラウドファンディングを利用しようとした動機は、印刷製本代を調達するということでした。

2冊同時刊行の場合、印刷製本だけで約１００万円の見積が出てきたため、クラウドファンディングをスタートするときに目標価格を１００万円に設定しました。ですが、プラットフォームの運営サイドから、１００万円だと達成の可能性が低いので、半分の50万円にしたほうがいいとアドバイスをいただきました。

そもそも、達成しないと集まったお金はなくなってしまうシステムです。可能

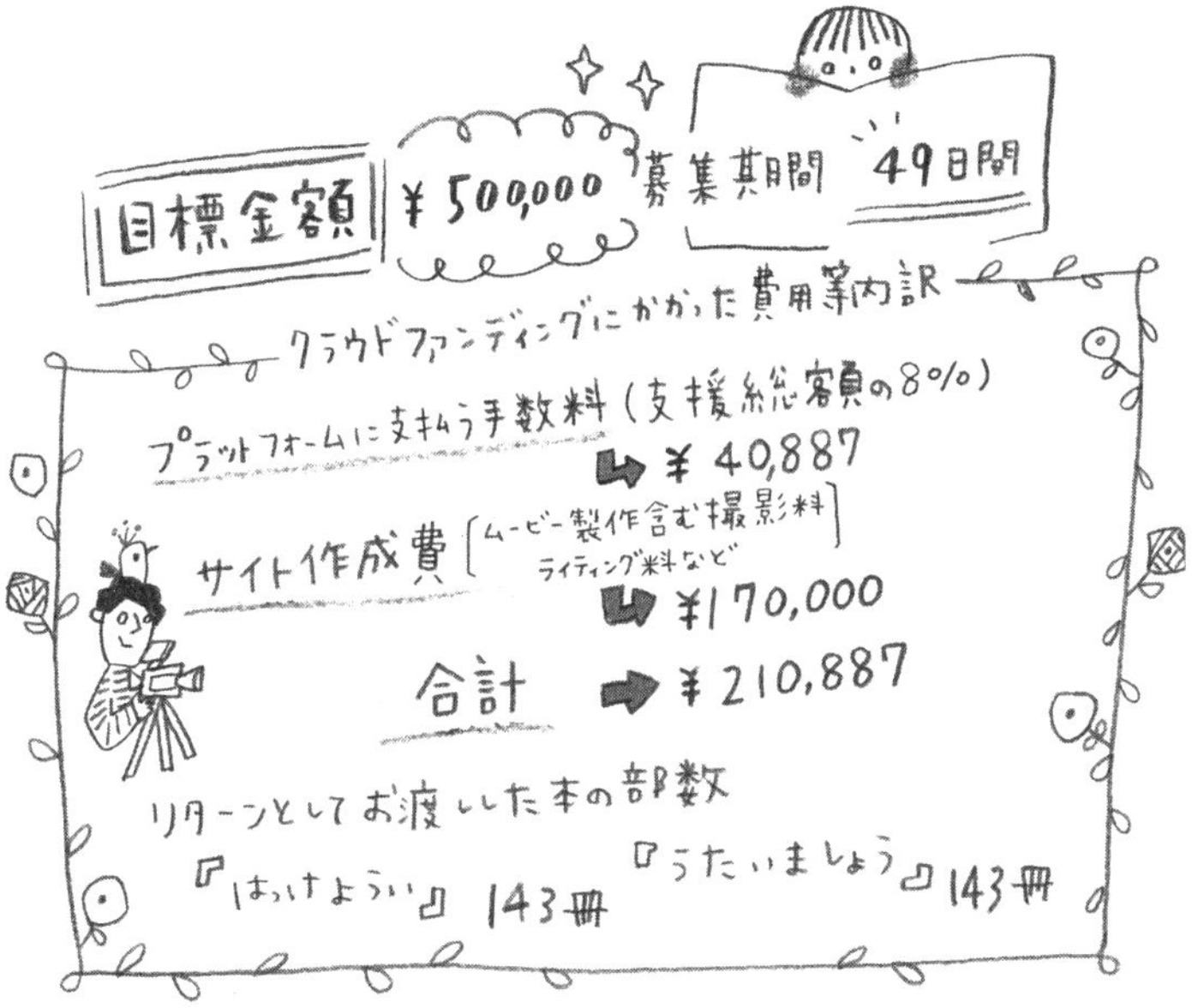

性のある金額に設定したほうがいいということでした。

私は印刷製本に必要な100万円に届かなくても、達成できる金額に設定することに決め、1冊分の費用を調達できる50万円の設定でスタートしました。

当初の目標金額から半分に下げたとはいえ、知らない人たちが、果たしてこの企画に乗ってくれるのでしょうか？

初めてのクラウドファンディングは、結果から言うとなんとかサクセス（達成）した、という感じでした。リターン（特典）に絵本の現物を設定していたこともあり、実質的に予約サイトとしての役割を持たせることもできました。

ただ、事前にサイトを作ったりするために手間もお金もかかってしまったことや、私のなかで、自分の商売のために他人に「お金をください」と公言する感覚

絵本を作るのに使った
同じだけの時間と労力
そして、情熱を・・・
昭和の漫画や作家さんに詳しい川口さん

が最後まで受け入れられず、こんなにもやもやとした思いをするのだったらもう二度とクラウドファンディングを利用することはないな、という気持ちになっていました。しかも「他人」と言ってもその大半が「身近な他人」です。結果から言うと、両親や友人などに協力を呼びかけざるをえなかったのです。資金を得ることの大変さを改めて実感しました。

もちろん、クラウドファンディングを使って良かったこともありました。ブックデザイナーでもある學童舎の川口貴弘さんとの出会いがあったからです。

川口さんはクラウドファンディングのサイト内で宮坂さんの絵本のことを知り、絵本屋に連絡をくださいました。

「宮坂先生の絵本を作るならぜひ協力したい」

児童漫画研究家でもある川口さんは宮坂さんの経歴をよくご存知で、とても興味を持ってくださり、絵本のブックデザインを担当していただけることになったのです。これまで多くの本の制作に携わってこられた経験から、たくさんのアドバイスをいただきました。なかでもいちばん心に深く刻まれているのが、「絵本を作るのに使った同じだけの時間と労力、そして情熱を使って、絵本を売る（広める）ようにしたほうがいい」
という言葉です。この言葉を聞いたとき、
「そうか！　そうだったのか！」
とストンと納得しました。作ったあとはじっくりとしっかりと絵本を売ってい
くことが大事。少しでも多くの人にこの絵本を知ってもらえるように。
この言葉を聞いたあとの2年間、絵本を売ることに専念して、ニジノ絵本屋レ
ーベルでの出版はお休みすることになりました。

5 松本かつぢさんのご家族

松本家の人びと

ニジノ絵本屋で絵本の出版をしてからというもの、メールや郵便などさまざ
まな方法で、原稿の売り込みや相談が入るようになりました。「ニジノ絵本屋編

集部御中」なんていう宛名を見てびっくりすることもあります。
「ニジノ絵本屋に編集部なんてあったっけ?」
小さな絵本屋で、私1人が作り手と顔を合わせて作っている絵本ばかりで、編集部なんてたいそうなものはないのです。

実際に原稿を送っていただいても目を通す時間を十分に取れなくて、お返事もままなりません。宮坂さんの絵本を出してからは販売（絵本を届けること）に専念していたこともあり、具体的な出版のプランもありませんでした。

でも、いつも人との出会いによって、新しい何かがはじまってしまうのがニジノ絵本屋です。次の出版計画は、意外なところから近づいてきました。

それは、妹と父が通っていたヨガ教室でのこと。ヨガの先生との雑談のなかで、私が絵本屋をやっていることを話したそうです。するとその先生が、

「うちの亡くなった父も絵本を出していたのよ」

とおっしゃったのだとか。先生の妹さんが原画や版権を管理されていて、お父様の資料館を運営されているとのこと。

詳しく聞いてみると、ヨガの先生のお父様とは、少女向け雑誌の挿絵や少女漫画を描かれた松本かつぢさんでした。知識がない私は存じ上げていなかったのですが、蕗谷紅児さんに刺激されて作品を制作する一方で、少女雑誌では中原淳一さんと人気を二分していたほどの、昭和を代表する売れっ子の童画、叙情画、漫画の作家さん。今でいうところのマルチクリエーターさんだったのです。

年齢的に、かつぢさんは宮坂さんと同時代に活躍されていたのかもしれない。そう思って宮坂さんにお尋ねしたら、直接の面識はないものの、宮坂さんにとっても大先輩の有名な作家さんとしてよく知っているとのこと。かつぢさんが当時描かれていた雑誌を今も持っていると言って、見せていただいたりもしました。

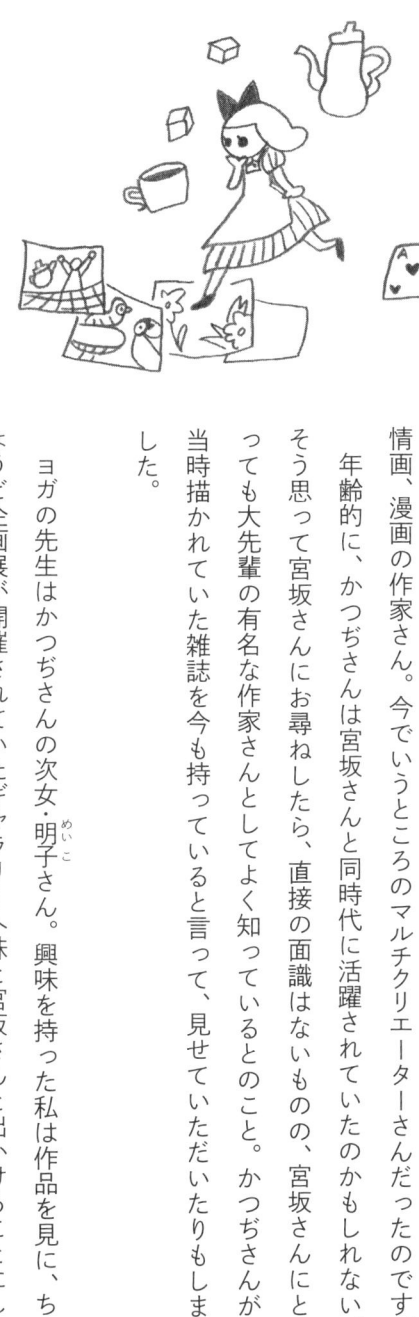

ヨガの先生はかつぢさんの次女・明子《めいこ》さん。興味を持った私は作品を見に、ちょうど企画展が開催されていたギャラリーへ妹と宮坂さんと出かけることにしました。

ギャラリーではかつぢさんの三女で、資料館を運営されている充地栄《みちえ》さんが

出迎えてくださいました。作品を見ながら、

「素敵ですね！」

何度も言ってしまうほど、懐かしくもかわいらしい作品が並んでいました。これらの原画はかつて絵本になっていたものがほとんどだそうです。

「父の絵本を復刊したいと思っているんですよ」

ずっと思いをあたためてはいるけれど、具体的には何も決まっていないようなお話を充地栄さんからうかがいました。復刊されるのなら私もぜひ見てみたい。

「決まったら教えてくださいね」

かつぢさんの絵本を絵本屋でも扱いたいと伝えました。純粋に復刊を見てみたいという気持ちだけで、このときは私が出版しようなんて思いもしませんでした。何しろあまりにも大御所の方だとわかっていたので。

私は都立大学で小さな絵本屋をやっていることや、お店の経営のむずかしさなどをお話ししたら、

「お互いにがんばりましょうね」

と励ましてくださった言葉がさり気なくて、心に深く浸み込んでいきました。

絵本の復刊に向けて

その後、今度は二子玉川にある松本かつぢ資料館を訪ねました。資料館では『ふしぎの国のアリス』の原画が展示されていました。50年以上前に、『講談社の絵本 ゴールド版』のために描かれたものらしいのですが、ただただ本当にかわいらしい作品でした。

「わぁ、素敵！　これが絵本であったらいいのになぁ」

かつぢさんが描かれたアリスの原画を見たとき、強く思いました。だからといって、「一緒に絵本を作りましょう！」なんて私から簡単に言えるものではありません。私が責任を持てる次元のものでもないし、さすがにおこがましいことはわかっています。

心に引っかかりながら、1年ほど経ったある日のこと。あるイベントで充地栄さんにお目にかかる機会がありました。お話をしていると、あのときに見たアリスの原画が思い出されてきて「アリスかわいかったなぁ」という思いが再び湧き上がってきました。復刊されたアリスを見たいという気持ちが以前にも増して出てきたのです。それはきっと、作品の魅力にくわえて、明子さんや充地栄さんのお人柄にも惹かれたからだと思います。

「この方たちといつか一緒にお仕事ができたらいいな！」という気持ちと、「いつかなんて言ってたらダメだ」という思いが、心のなかで騒ぎ出しました。

そんなタイミングでたまたま知り合ったのが、当時復刊ドットコムの社長をされていた左田野渉さんでした。

復刊ドットコムさんは、昔の漫画や絵本などを復刊している出版社さんです。

「わからないことがあったらなんでも聞いていいよ」

その一言を頼りに、後日厚かましくも

「教えていただきたいことがあります！　相談にのってください！」

といって面会のお願いをしたのです。そして「復刊」というものはどのような仕組みでできるものなのか、教えていただきました。

著作権は本人の死後50年で切れること、現在の著作権者が何名いるか確認すること、印税の相場はどれくらいか、などなど。

著作権に関しては充地栄さんが管理されているのでクリアです。また、原画がなければ古い本をスキャンしなくてはならず版元の許可を取る必要も出てくる可能性があるそうですが、原画が手元にあるのでそれも問題ありません。

これらのことは、ネットで調べたりもしていましたが、どうも自分ごとにならなかったのです。でも左田野さんにお話を聞いたことで、具体的に復刊の仕組みや手順がはっきりと見えてきたのです。

実際に復刊を手がけている方に直接お話を聞いて質問できたことは、かつぢさんの絵本を具体的に形にすることに向けて大きく前に進む原動力になりました。

充地栄さんにこれらのことをお伝えすると、「じゃあ、やりましょう!」と快諾していただき、驚くほどスムーズに話がまとまりました。

充地栄さんのお嬢さんが海外で生活されていて英語が堪能だということもわかり、バイリンガルの絵本にするためのテキスト作成もお願いできることになりました。親、子、孫と三世代で作る絵本です。ブックデザインは宮坂さんのときに手伝ってくださった、學童舎の川口さんが快く引き受けてくださり、不思議なほどトントン拍子に松本かつぢさんの復刊プロジェクトがスタートすることになったのです。

ニジノ絵本屋の名前に
ちなんで7冊の
絵本を出版
する予定

6 7つの絵本プロジェクト

かつぢさんの絵本の復刊は、はらぺこ印のときと同様に、出すならシリーズで出そうと、最初から決めていました。単発ではなく次につながるほうが売りやすいし、シリーズのファンを作っていきたいと思ったからです。

第1弾は『ふしぎの国のアリス』。これは原画が紛失せずにすべてそろっていて、原画の返却に頓着していなかった当時としては非常に貴重なことだと聞きました。続いて『一寸法師』と『みつばちマーヤ』。これらを含めた合計7冊を「7つの絵本プロジェクト」として立ち上げることになりました。もちろん「7

つ」は虹色の7色にちなんでいます。

じつは原画のうち『一寸法師』は、原画に描き文字で英語のテキストが入っていました。おそらくかつぢさんがアメリカに滞在しているときに描かれたものだということでした。当時アメリカで出版する予定で描かれた作品で、かつぢさんの長男・二森騏《にもりき》さんが英訳をされたと伝わっています。

古い原画には作品ごとにいろんなストーリーが詰まっていて、お話を聞いているだけで原画に対する愛着がどんどん深まっていきました。

たぶん、いちから絵本を手がけるなら、私は『ふしぎの国のアリス』や『一寸法師』を出版しようとは思わなかったはずです。これまでに大手の出版社さんからたくさん出されている有名な絵本たちです。とりわけ原作の大ファンでもない私がわざわざ出版しようという気になったかどうか……。ところが不思議なご縁が巡って、誰もが知っている有名な物語の絵本を出すことができるのだから、人との出会いは大切だし偉大だと思うのです。

充地栄さんや明子さんと出会い、かつぢさんのご家族と一緒にお仕事をさせていただけることがとてもうれしいし、皆さんの気持ちに応えたい。「7つの絵本プロジェクト」は、そんな思いを込めてスタートしました。

2度目のクラウドファンディング

「7つの絵本プロジェクト」をスタートして『ふしぎの国のアリス』を出版するにあたり、クラウドファンディングを利用することになりました。

以前、宮坂さんの絵本で利用したときは、自分の叶えたいことに対して誰かにお金をくださいと公言するということにどこかもやもやした気持ちもあって、もうやることはないと思っていました。まさかまたクラウドファンディングを利用することになるなんて、私が一番驚きました。

じつは今回クラウドファンディングを利用することになった背景にも、人との出会いがありました。

かつぢさんのお孫さんであるゆかりさんのお知り合いにクラウドファンディングの会社を立ち上げた方がいらっしゃったのです。

ゆかりさんは、その方のクラウドファンディングのサービスをいつか利用したい、その方と何か一緒にやれたら、という気持ちがあったとのことでした。

今回の絵本プロジェクトのコンセプトには、その会社のプラットフォームが合う気がするから、この会社のサービスを利用するなら「今」だと思ったらしいのです。

私もクラウドファンディングを利用した経験から、何社かのクラウドファンディング関係の知り合いがいました。

ゆかりさんのお知り合いはどこの会社だろうと思って尋ねてみると、なんと私が親しくしている方の会社でした。あまりの偶然にびっくりしました。

その方は以前、私に「クラウドファンディングはどのプラットフォームを使うかが重要だから、利用するときはよく調べてからにしたほうがいい」とか「やりたいことが必ずしもうちの会社のプラットフォームに合うわけではないから、比較検討したほうがいい」と言ってくださっていました。

そんなアドバイスをもらっていたにもかかわらず、私たちは「必然」を感じて、その方の会社のプラットフォームで2度目のクラウドファンディングをスタート

松本かつぢさんのお弟子さんである
田村セツコさんにもとてもお世話になりました。

させました。相手の立場に立ったアドバイスをしてくださった方だからこそ、信頼することができました。

人との出会いやつながりによって、予定が変わることは多々あります。でもその変更も必然だと思えることであればどんどん対応していきたいと常に思っています。やるべきこと、対応すべきことが次々増えて追いつけないときもありますが、関わっている人たちの「向上しよう」という思いや進化についていきたいと思ってしまうのです。

『ふしぎの国のアリス』のクラウドファンディングでは、たくさんのご協力者にも恵まれ、予想を超える多くのご支援が集まりました。最終的に１４５万２０００円、２４６冊分をリターンとしてお届けすることができました。

むかしのすばらしい作品を後世に残すためにも、私にできることは何なのか、引き続き考えていきたいです。

7 ニジノ絵本屋の絵本作り

「作る」から「届ける」まで、お手伝いできること

2年の間、出版をお休みしていたニジノ絵本屋ですが、2017年以降は松本かつぢさんの絵本以外にも出版の予定が続いています。

クラウドファンディングを利用して出版費用に充てるとはいえ、全額がまかなえるかというとそうではないし、資金繰りは大丈夫なのかと心配になったりもします。

世の中には絵本を作りたいと思っている人がいっぱいいるので、自費出版を中心に絵本作りのサービスをすればいいというアドバイスをもらったこともあります。

けれど、作り手側からお金をもらうとなると、全面的に作り手の希望通りにしないといけないのかなと思ってしまい、「絵本を作る」ことをサービス（商品）

にしてしまった場合のクオリティを維持する自信がありませんでした。

さらには「絵本を作りたい」という人は「絵本作家になりたい」という夢を持っている方がほとんどです。「職業＝絵本作家」を目指している人が、ニジノ絵本屋で絵本を作って、絵本作家としてデビューして食べていけるのかと聞かれるとまったくわかりません。

そう考えると「絵本作家の夢を叶えます」というサービスの安請け合いはしたくないし、なんだかちょっと違う気がしてしまいます。いろいろな意味で気を遣って意見を言えなくなって、お互いが満足のできる絵本にならないのではないかと、思いました。夢を二人三脚で叶えられるのなら一緒にやりたいと思います。

絵本のクオリティを下げたくないという思いがあるから、安易に「あなたの絵本を作りますよ」と打ち出して、作り手に夢を見させるようなことは言ってはいけないと思うのです。

だから今は、双方が理解し合えている作り手さんたちや、企業から依頼された絵本などが中心で、それ以外のものを制作するときには、こちらの考え方を

最初にお話しするようにしています。一本芯を通しているとすれば、これが私の曲げられない部分です。

これまで自分が作ってきたものへの責任と、時間を共にした人たちへの敬意が、「既存の絵本の価値を高める作品」作りへの思いを強くさせるのです。

これから作るものは、過去の作品に恥じないものにしていくという気持ちでいます。この「既存の絵本の価値を高める作品」という部分がぶれるようであれば、絵本屋で絵本を作る意味がないと思うし、逆に言うとここさえしっかりしていれば、今後何か迷うことがあっても、ニジノ絵本屋にとっていい絵本ができるのではないかなと思うのです。

レーベル絵本とファミリー絵本

現在ニジノ絵本屋で扱っている絵本には、「絵本屋（書店）」の視点で見た絵本と「出版社」の視点で見た絵本があります。

「絵本屋」の絵本を「仕入れ」の観点で見ると、まず①自社レーベルの絵本、②作家さん個人から仕入れている絵本、③出版社さんから直接仕入れている直取引

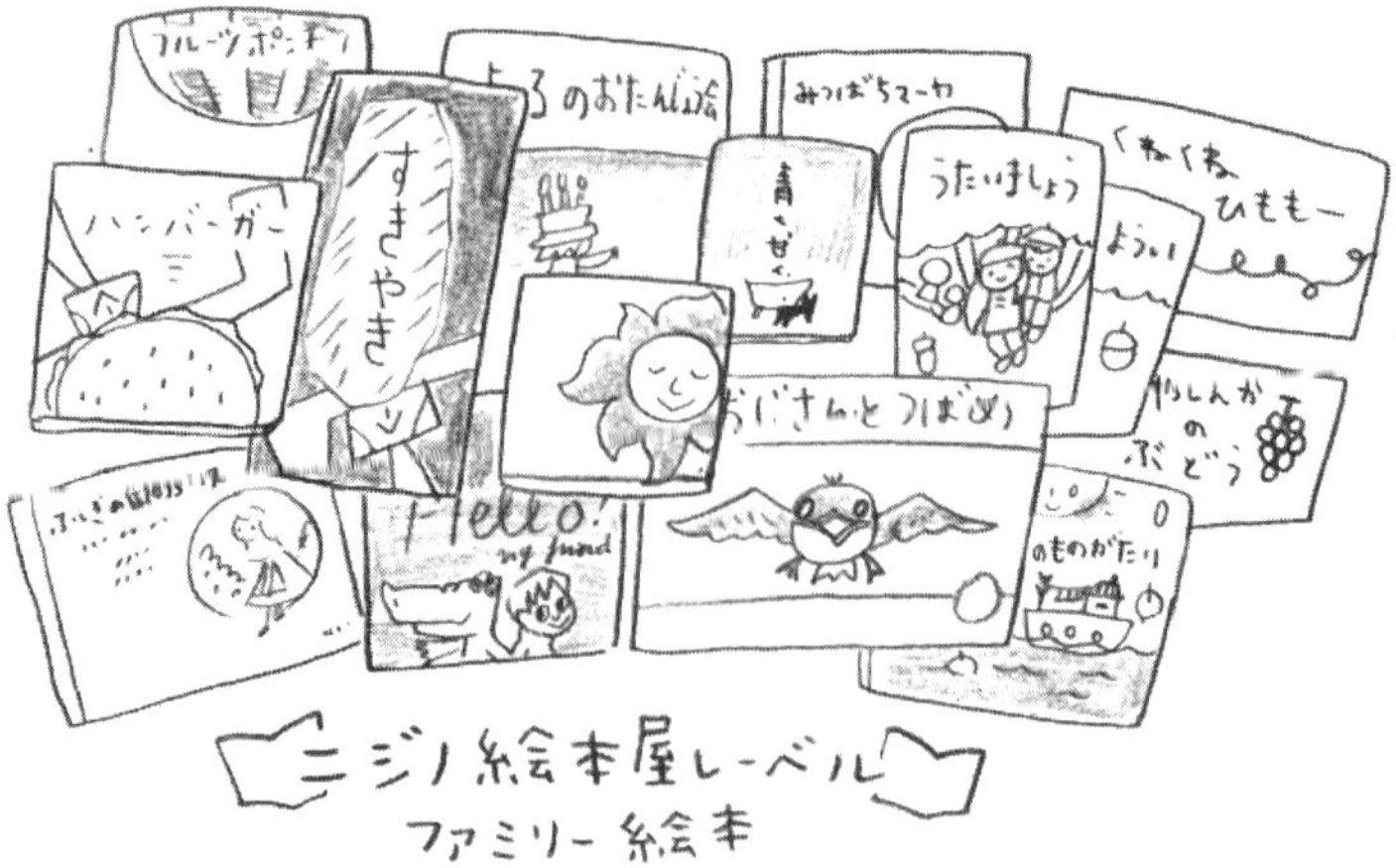

の絵本、④子どもの文化普及協会さんから仕入れている絵本、⑤個人的に買い付けたような単発仕入れの絵本。ざっくり分けるとこの5種類です。

そして「出版社」の視点で見たときの絵本の種類は、①ニジノ絵本屋レーベルの絵本、②ニジノ絵本屋ファミリーの絵本の2種類です。

ファミリー絵本の「ファミリー」という言葉は便宜的なもので、なんとなくこれまで一緒に「絵本屋」も「絵本」も相乗効果で育み合ってきた絵本のことです。絵本屋との関わり方も作家さん、絵本によって違います。

「ファミリー」と呼ぶことでもしかするとニジノ絵本屋が作家さんを囲っているような誤解を生んで、そのことで迷惑をおかけするのではないかという心配があります。また、たまに「ファミリー絵本に入れてください！」と、言われることもありますが、そもそも「入る」ものでもないので、断るのも違うし、「どうぞ入ってください」と招き入れるものでもないように感じています。

わかりやすく言うと、まったく何もないところから作り手さんと絵本屋が一緒に作り上げて、ニジノ絵本屋が版元として出版するオリジナルレーベルの絵本に対して、ファミリー絵本は作り手側から持ち込まれた企画に、絵本屋が編集段階から関わって、絵本の形になるまでお手伝いした絵本や、自らのレーベルで発行されている作家さん個人がご自分で作られた絵本を、絵本屋が発売元として販売している絵本のことを指しています。

企業などの販促物のような非売品の場合、絵本屋は営業代行をできないので、作るところまでのお手伝いになります。

制作に関わっていると、たいていの場合は作り上げた絵本を「一緒に世界に届けましょう」となるので、ニジノ絵本屋レーベルと同じように、読者に届けるところまで一緒にやっていく絵本たちが多いです。おそらく、絵本屋で絵本を一緒に作りたいと言ってくださる作り手さんのほとんどが、絵本を形にしたそのあとも含めて絵本屋と一緒にやっていきたいと思ってくれているようにいつも感じています。

遠くまで届きますように

それこそ、出版支援をしている出版社さんや自費出版のプロの会社がたくさんあるわけです。それでも絵本屋と一緒に「絵本のこと」をしようと思ってくれている人たちが集まって、一緒に「作って」「届けている」のだと日々実感しています。

ちなみに、制作過程に絵本屋として直接関わってる、いないに関係なく、現在は基本的にニジノ絵本屋のISBNコードをつけて絵本屋の絵本として一緒に流通させています。

ニジノ絵本屋オリジナルレーベルの絵本についても、作り手との関わり方や制作過程はそれぞれ異なります。作り手との出会い方も違えば、原画が最初からあるかないかも違います。

たとえば、はらぺこめがねの絵本はストーリーやキャラクター、絵の構成も、はらぺこめがねの2人と一緒に考えて作り上げましたが、宮坂さんの絵本は、宮坂さんご自身が長年あたためてこられた構成を軸に「ニジノ絵本屋で作るなら」「販売するなら」と考えて、絵本屋が届けることに意味があるための絵本作りの協力をしました。松本かつぢさんの絵本だと古い原画があって、さらにも

一緒なら楽しいことができそう♪

ともとのストーリーもあるうえで、どうやって復刊させるのがベストか、充地栄さんたちご家族と打ち合わせを重ねて作りました。

一般的な出版社での絵本作りがどういうふうな流れなのか、まったく知らずに作ってきたので、絵本屋の絵本作りの方法が正しいのかどうかはわかりません。

ですが、作り手さんとの出会いがあって、「この人となら何か楽しいことができそう！」というところからスタートしている点は、オリジナルレーベル絵本、ファミリー絵本ともに共通しています。だからこそ、大変な作業を大変と思うことなく、みんなでやっていけるのだと思うのです。

ゲストコラム

②

アリスのしろうさぎのように

宇津原充地栄（松本かつぢ資料館館長、松本かつぢの三女）

ニジノ絵本屋のいしいあやさんとの出会いはかれこれ3年ほど前でしょうか。

ある日二子玉川にある松本かつぢ資料館を訪ねて来られたときからです。黒いふちのまあるいメガネのかわいい女の子！　まるで絵

サイズの感覚が
よくわからなくなる
あやさんがもっているものは
いろんな意味で大きい。

本から飛び出してきたような印象の女の子でした！（女性と言うより女の子っていう感じでしたね）

目をキラキラ輝かせて、口をとんがらせて「いつの日かかつぢさんの絵本をニジノ絵本屋で売りた～～い！」って。

そして2017年の6月頃（今では、はっきり日にちを覚えていません!!）、突然資料館を訪ねて来られて「ふしぎの国のアリスを出版したいんです！　いいでしょうか」って真剣なお顔で!!

本当に真正面からのお願いに私も何のためらいもなく、思わず「もちろん！　いいですよ」とお返事したのを覚えています。

聞いてみれば「虹色の7色にちなんで7冊の絵本を作りたい!!」と。その壮大な夢を叶えてあげたい！ それがいつしか私の夢にもなっていったような気がします。

　たぶん父〝かつぢ〟も『真っすぐ』で『熱心』で『かわいい』あやさんの後押しをしているような気がしました。

　そこで7つの絵本プロジェクト『seven books of rainbow』の誕生です。

　では、まず『ふしぎの国のアリス』から……。

　それからが大変！ 絵本を完成させるまで、さまざまな作業や工程のお手伝い！
　台湾への出張やら、クラウドファンディングのお手伝い、どれもこれも楽しみながらのお手伝いに！ 私も老けてはいられません。
　ミーティングのたびに大きな荷物を2つも3つも肩から下げて、何時も何時も〝忙しい忙しい〟と大急ぎ!!
　まるで〝アリス〟に出てくる「しろうさぎ」のようなあやさんにエールを送ります。

コラム

絵本作りのタイミング

宮坂栄一さんは大正15年生まれ。若い頃はずっと少女雑誌で挿絵を描くなどして活躍されていましたが、自分の著作でオリジナルの絵本を初めて出版したのは88歳のときです。宮坂さんとお話ししていて感じることは、夢はいくつになっても実現させることができるんだということ。

その一方で「夢はいくつになっても叶えることができる」と、若いうちから考えるのは危険だと思うようになりました。

「いくつになってもできる」と思っているうちに後まわしにしてしまうことの危機感を感じました。

宮坂さんにとっては「絵本を出す」という夢を叶えるタイミングが、たまたま88歳のときの「今」だったのであって、それぞれの人にとっての「今」は88歳とは限らないのです。

88歳の宮坂さんと絵本を作ってみて感じたことは「今」というタイミングに叶えるのが絶対にいいということです。

みんながみんな宮坂さんのように88歳まで元気で生

きていられると思うのは大間違いだと思うから。みんながみんな元気な老人になれる保障なんて少しもないのです！

私は「あとで勉強してからはじめよう」とか「調べてからやろう」とかではなくて、「今、とりあえずやっちゃおう」と、前倒し（フライング）気味でやるべきじゃないかと個人的には思っています。

どんどんフライングして先回りして、いかに自分の時間を作るか、隙間時間を作るか！　するとあとで楽チンになる気がします。だから「フライングしてやりましょう」と、よく後輩たちに言っています。フライングしてできた時間に楽しいことがするりと入ってくる可能性があるからです。得した気分にもなります。現状の自分に言い聞かせたいことでもありますが、余白、隙間がないと新しいことが入ってこないのです。

少し、話がずれてしまいましたが「そのときのタイミング」は本当に人それぞれだと思います。

ニジノ絵本屋にも「いつか絵本を作ってみたいです」という作家志望の方がよくいらっしゃいます。

きっとその方の「いつか」は「いつか」訪れると思うのですが、もし本当に「作りたい！」と思うのであれば、それは「今」なんだと思います。もちろん資金的な事情で「今」が無理だというほうが多いと思います。私もその１人です（現状印刷製本の資金があれば出版を進めたい絵本が12冊あります！）。

「いつか」はもしかしたら来ないかもしれないので、宮坂さんが88歳のときに行動を起こしたように、「今」を自分で切り開いていくことの大切さを私は近くで感じることができました。

第3章 絵本の届け方

1 届けたい絵本たち

ニジノ絵本屋のお店に並ぶ絵本たち

ニジノ絵本屋で売っている絵本の選書の基準は、「作り手さんと出会ったから」「仲良くなった出版社さんの作った絵本だから」「行った先の美術館のミュージアムショップなどで出会ってしまったから」などなど。

絵本屋の棚にしっくり並んでいる姿が想像できる絵本を選ぶようにしています。

一冊一冊に作り手さんの顔が見えていたり、絵本屋にやって来るまでに何かしらの出会いのストーリーを経ているものが中心で、「世間で売れているから」という理由だけで仕入れることはほとんどありません。

なかでも、人を介して出会った絵本には思い入れも深まります。

少し前のことです。あるイベントに来てくださった絵本作家さんが、「絵本を

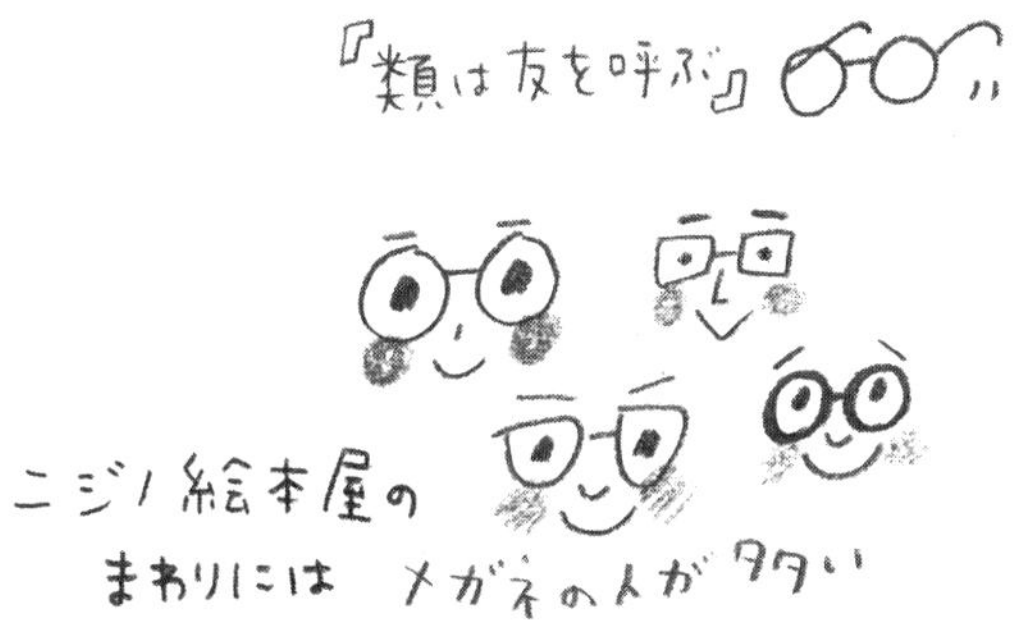
『類は友を呼ぶ』
ニジノ絵本屋の
まわりには メガネの人がタタい

出してるんです」といって見せてくださった絵本が、とってもかわいらしくて。そのあとすぐに3冊仕入れたらすぐ売れて、また追加で仕入れをして……。結局定番絵本になっているという絵本もあります。絵本屋ではそんな出会いや、つながりがとっても多いのです。作り手さんとご挨拶もして、お話をうかがっているので、店頭で絵本のことをお話ししやすいということもあります。

人を介して出会った絵本が好きになり、それを仕入れる……。そこには紹介してくれた人の姿や、絵本自体のたたずまいや紙の種類、形などあらゆる要素が含まれていて、手元に置いておきたくなるのかもしれません。

絵本をお客様のもとへ

ニジノ絵本屋レーベルの絵本をお客様のもとへ「届ける」方法は、いくつかあります。

まずひとつが、店内での販売。これが基本の「届け方」です。その次がオンラインショップ、イベントや期間限定ショップなど出張先での販売など、店外での販売です。本屋さんや小売店さんへの卸売りもしています。

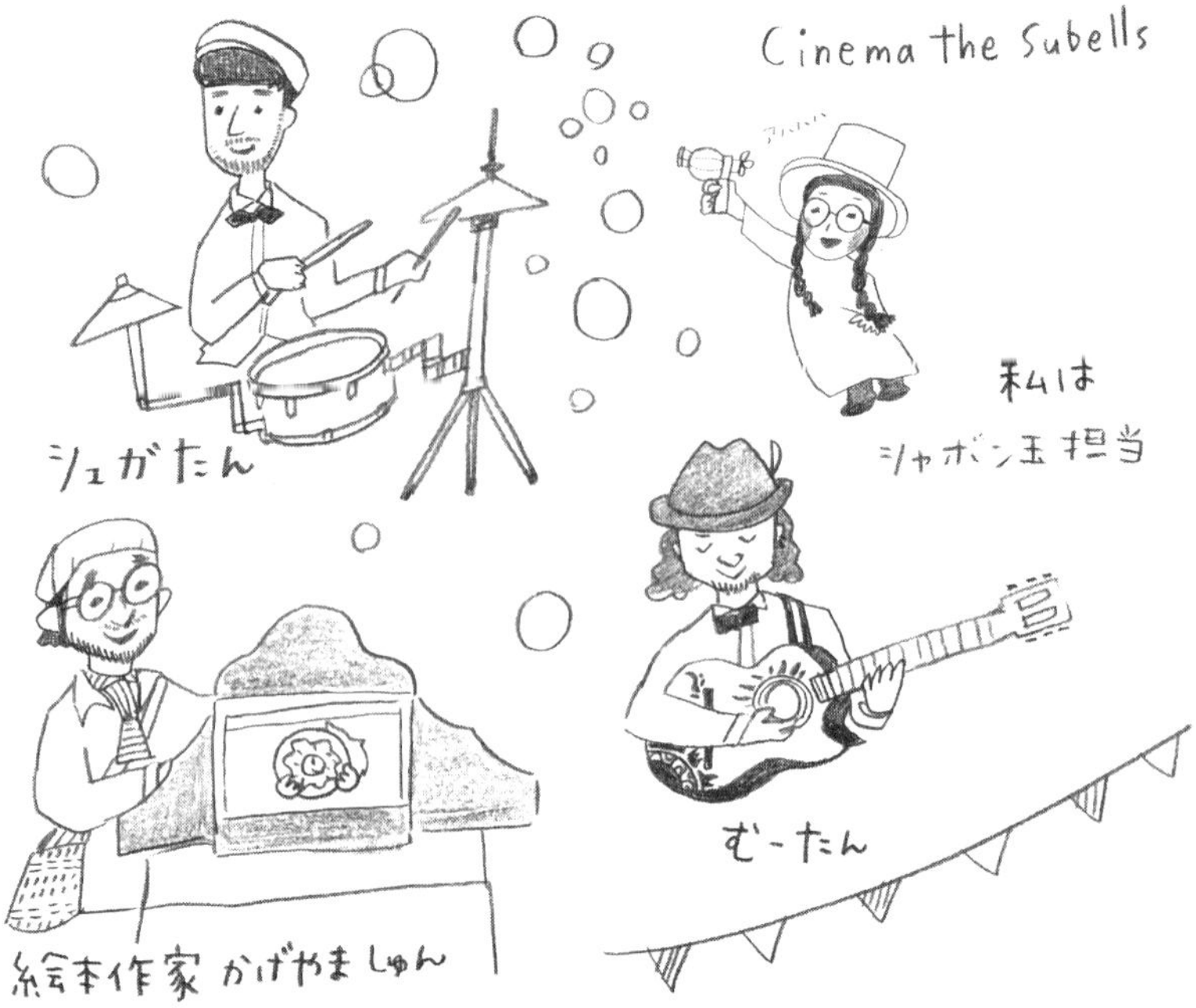
Cinema the Subells
シュガたん
私は
シャボン玉担当
むーたん
絵本作家 かげやましゅん

そしてこれらの「販売」以外の「届ける」方法が、「演《や》る」です。これは、絵本を通して、たくさんの方に絵本の楽しさを体験してほしいと思って続けている「届ける」手段のひとつで、読み聞かせをしたり、ワークショップをしたり、絵本と音楽でライブをしたり、絵本と食でご飯イベントを行ったりしています。いわば絵本屋が届けるエンターテインメントです。

今まで演ってきたことのなかには、「絵本とタップダンス」「絵本と紙芝居」というものもあります。

どれも作り手さんと一緒に「演る」ものばかり。「この作り手さんとだから」進めることができたものです。「演る」を通じて作り手さんも売り手さんも読み手さんも参加してくださるお客様も、みんなハッピーになれるサイクルが作れたらいいなと思っています。

2 営業部長誕生

「取次」の意味も知らないままはじめた絵本屋でしたが、絵本を出版するようになって各地の本屋さんへ絵本を卸すためには取次会社と契約をしたほうがいいのかなと思うシーンも出てくるようになりました。図書館にニジノ絵本屋の絵本を置いてもらうためには、取次会社と契約をしていたほうがいいとも聞いていました。

出版界の先輩方に相談すると、絵本屋のような小規模の出版社でも取引ができる取次会社もあると教えていただきました。絵本屋が作った絵本が、取次会社を通じて全国各地の人たちに届くというのはとても魅力的ですが、なかなか決心がつきません。

取次会社を通さないのであれば私自身が営業をして、直接本屋さんから注文を取るようにすればいいのですが、日常の業務もありそこまで手が回りません。

ニューヨークの書店に絵本屋の
絵本を持って行ってくれました
FUNNY BOY

旅行と営業はワンセット
なんかブラックじゃないですか…？笑
いしがみちゃん

せっかく自分たちが作った絵本が、営業力不足で各地に届けられないもどかしさを抱える日々が続いていました。

そんなあるとき、はらぺこめがねの原画展でたまたま知り合った女の子がいました。当時大学生だったいしがみちゃんです。なんでもはらぺこめがねのファンらしく、仲良くなるうちに絵本屋のアルバイトをしてくれることになりました。

彼女がアルバイトをはじめてしばらくたった頃、

「絵本屋で足りない部門はなんですか?」

と、尋ねてきました。

「うーん、やっぱり営業かな」

「じゃあ私は営業をやります」

まさかの営業担当立候補！　彼女はこの名乗りをきっかけに、驚くほどの行動力で絵本屋の営業活動をしてくれることになりました。

絵本屋にいしがみちゃんという強力な助っ人が来てくれて以来、彼女にはお

店番と並行して営業をメインに担当してもらうようになりました。かわいい雑貨屋さんや小さな本屋さんを中心に、絵本屋の絵本を置いてほしいなぁというところを訪ねて、一軒ずつ交渉をしてくるという大仕事です。

当時学生だった彼女はフットワークが軽くて、旅行好き。全国各地いろんなところへ出かけて行きます。そのため、出かけるときはいつも絵本屋の絵本も一緒に連れて行ってもらうことにしました。そこから生まれたキャッチフレーズが、「旅行と営業はワンセット」。

もちろんこれは私も同じで、私用で出かけるときでも絵本を数冊カバンに入れて、行った先の本屋さんにご挨拶をして、絵本を置いていただくよう交渉をしていました。もちろんダメもとでの営業なので、「置いてもらえたらラッキー！」という感じです。

マンパワーが絶対的に足りない絵本屋は、アイデアと機動力で、販売先の確保をしていきました。

3 心強い外部スタッフの存在

ニジノ絵本屋には、その時々でサポートしてくれる仲間が現れます。

人を介して出会ったり、もともとの友人が声をかけてくれたり、常時雇用状態にはないけれど、スポットでお手伝いしてくれるメンバーが何人もいます。

そのメンバーの1人は絵本屋のオープン前からの友人で、webが得意。絵本屋の最初のホームページを作ってくれたのも彼でした。

その後、彼は引っ越した先の京都で書店営業をしてくれたり、関西方面でのイベントのときには当日手伝ってくれたり。私が行けないときはニジノ絵本屋としてブースに立って絵本の紹介をしてくれることもあります。

彼の本業が忙しくてまったく絵本屋に携わらない時期もあれば、集中して関わってくれている時期もあるというように、彼のライフスタイルに合わせて手伝ってくれています。

ニジノ絵本屋には頼りになる
メンバーがいっぱい

もう1人は転職活動をしていたときに、前職の営業経験を生かしていろんなお店に絵本屋を紹介してくれました。

彼の営業活動の先から広がって、絵本屋がブックマーケットに参加することにもなりました。

彼らをはじめ、絵本屋の店舗スタッフ以外の人たち（たとえば絵本作家さんでさえ！）も、旅行先などの本屋さんで絵本屋の話をしてくれたり、パンフレットを置いてきてくれたり。絵本屋には心強い外部メンバーがたくさんいます。

ニジノ絵本屋に携わったことが、みんなの人生においてプラスになるようにしていきたいといつも思っています。そのときそのときで営業手当のような十分なギャランティをお支払いできていないからこそ、そう思うのです。たぶん彼ら彼女たちは損得で関わっているわけではないと思いますが、でもやはり、何かをお返ししていきたいと常々思うのです。そしていつか、「あのとき、ニジノ絵本屋に携わっていたんだよ！」と胸を張って言ってもらえるように私も頑張ろう、というのがモチベーションのひとつになっています。

4 ブックイベントへの参加

ニジノ絵本屋レーベルの絵本を出し、出版社の顔を持ったことで大きく変わったのは、複数の出版社さんが集まるブックマーケットなどのイベントにも出させていただけるようになったことです。時には大手出版社さんと肩を並べて、絵本屋の絵本をＰＲできるのです。絵本屋のことを知ってもらえる機会になるので、できるだけ出店するようにしています。

最初の頃は出店先などでの要領がよくわからなくて、失敗もいろいろありました。ポスターやパネルなどお店の目印になるものを持っていなかったり、せっかくの販売ブースをうまくレイアウトできなかったり、釣り銭の用意ができていなかったり！　お店のＰＲをするのって意外とむずかしいのです。

今も先輩出版社の方々にアドバイスをいただき試行錯誤しながら、みんなが来てくれて楽しくなるようなブース作りを目指しています。

絵本屋のグッズ

イベントへの参加機会が増えるにつれて、「何か気軽に持ち帰ってもらえる、オリジナルのグッズがあったほうがいいよ」と言われることが増えてきました。ニジノ絵本屋のステージを見たあとや、イベントに参加したあとの記念になるようなものだと思います。

本音を言うと、絵本をぜひ買っていただきたいのですが、たとえばフェスなどの会場で絵本を持ち帰るというのはたしかにハードルが高いのもわかります。絵本は薄いとはいえ重いし、購入者の立場になると手を出しにくいかもしれません。また、屋外イベントで雨が降ると最悪です。

まずはショップカードを作ったほうがいいとわかりました。でも、整理整頓が苦手な私は、あちこちでショップカードをもらっても、どこに何があるかわからなくなる……という経験のほうが多い気がします。

そこで絵本屋のショップカードのデザインを担当してくれた絵本作家のかげやましゅんさんからの提案もあって、持ち帰ったあとも捨てずに残してもらえるように、栞スタイルにすることにしました。これなら、好きな本に挟んでもらえて、絵本屋のことをいつも思い出してもらえるかも!?と思いました。

もうひとつはオリジナルのステッカーを用意。直径5センチの丸いステッカーなら、携帯やパソコン、もちろん冷蔵庫にも、気軽に貼ってもらえていいな、と思いました。

これ以外にも、絵本屋のファンになってもらうために、販売用のオリジナルグッズがあったほうがいいと考えて、トートバッグも作りました。買った絵本だけでなくふだんのお買い物にも活用してもらえそうです。今後、マスキングテープなどのニジノ絵本屋オリジナルグッズも作りたいと思っています。

こんなふうにお客様に喜ばれるオリジナルグッズを作ることで、絵本屋に会いにきてもらうための楽しみを、少しずつ増やしていけたらと考えています。

5 オンラインショップOPEN

話が少し戻りますが、ニジノ絵本屋レーベルの初めての絵本は2012年7月に無事刊行することができたものの、取次会社と契約をしていないので、販売は絵本屋の店頭やイベントでの直売りがメインでした。販売ルートが限られているので、せっかく作った絵本を多くの人に知ってもらう機会があまりありません。

そこでニジノ絵本屋のホームページにオンラインショップをオープンすることにしました。オンラインショップがあれば、イベントなどでニジノ絵本屋やはらぺこめがね、そして『フルーツポンチ』を知ってくださった全国の方に、絵本をお届けできるようになると、期待感でいっぱいでした。

とはいえ、戦略的な宣伝もしていませんから、オンラインショップができたからといってそんなに簡単に注文が入るわけでもありません。

初めて「オンラインショップってすごい!」と思ったのは、オープンした数カ月後、オリジナル絵本のテレビ取材を受けて、それが放送されたときです。タレントさんが番組でフルーツポンチを紹介してくださった瞬間に、オンラインショップに注文が入りはじめました。

メールで通知が来るのですが、何件も連続で入りびっくりしたと同時に、オンラインショップを持っていて本当に良かったと思いました。

6 時にはアナログで

２０１６年の春にいしがみちゃんが大学を卒業してアルバイトを辞めてから、ニジノ絵本屋の営業力はいっきに落ちていきました。都内の主要書店さんなどへは、できるかぎり私が直接足を運んでお試しで注文をいただいても、その後のフォローがなかなかできず、追加注文に至りません。営業代行をしてくれる

会社があることも知りましたが、取次の口座を持っていなかったため、絵本屋には不向きでした。

そこで、お金にもマンパワーにも限界がある分、オンラインショップの強化を図ることにしました。取次に口座を持っていれば自動的に大手のネット通販サイトなどにも掲載されて全国に流通するのですが、絵本屋には２０１７年の時点でそのルートがありませんでした。そのため、絵本屋のホームページから注文してもらう方法がオンライン販売の唯一の手段でした。

ピンポイントで絵本屋のホームページにアクセスしてもらうためには、何をしたらいいのでしょうか？

最優先に考えないといけないのが、絵本屋自体の知名度アップ。まずは知ってもらわないと、アクセス数を伸ばせません。そのためにはイベントに出店したりＳＮＳでの発信に力を入れたり、まずは地道な活動から！

でも、本当にそれだけでいいのだろうか？　そう疑問に思っていた頃、出版業界の先輩から教えてもらったのが、ファックスによる注文書の発送でした。

ある日出張イベントで、近々発売予定の絵本のポスターを貼っていたら、知り

合いの出版社の方に、「この本の注文書ある?」と聞かれました。

「新刊案内は注文書のファックスも有効だよ。一回やってみたら?」

聞いてみると、一般の出版社では新刊が出るごとにＡ４サイズの注文書を作成して、それを全国の主要な本屋さんにファックスで送付するらしいのです。その本に興味を持った本屋さんは、注文冊数や必要な情報を書き込んで送り返すと、取次を通じて注文した本が届けられるというシステムだそうです。注文書はイベントなどで宣伝チラシとしても使われます。お客様が欲しいと思えば、チラシの情報をもとに本屋さんに注文ができるのです。

オンラインショップが盛んな時代にファックスで注文書?と思いつつも、実験的に『ふしぎの国のアリス』から注文書を作ってみました。

周りの出版業界の先輩たちに見てもらって、たくさんのダメ出しをいただき、バージョンアップを何度も繰り返して、なんとか形にすることができました。

ちなみにファックス代行サービスの費用は、送信1件あたり20円。直取引のファックスの効果はむずかしいと言われながらも約３０００件へ送信した結果、入ってきた注文は2件のみでした……。

7 一緒に作って、一緒に届ける

ニジノ絵本屋という名前は「作り手と読み手をつなぐ虹のかけ橋になりたい」と思ってつけた名前です。絵本を作るだけでも売るだけでもなくて、絵本を介してみんなが楽しい経験をいっぱい増やしてほしいというのが私の願いです。だから、「作る」「売る」「演《や》る」の3本柱を大切にしています。

たとえば、読書というのはもともとても個人的なもの。読み聞かせの場合も、家庭内ではパパやママと子どもの2人の世界、もう少し広がっても、家族というごく限られた身近な人たちとの世界。でも私がパフォーマンスで演りたいのは、同じ時間や空間にいる多くの人たちと絵本の世界を結んで、共感・共有できるような体験です。絵本の世界を立体的に広げていくことで、それが可能になると思うのです。

体験するためのツールを絵本にするだけで、参加する人たちのハードルがす

ごく下がります。親子でも、友だちどうしでも年齢や性別関係なく一緒に楽しめる。しかも国籍も関係なく。そのことがとても素敵だと思っていて、絵本の持つ楽しさや魅力を広げるにはどうすればいいかなといつも考えています。

もちろん最初からここまで考えていたわけではなくて、人との出会いがあって一緒に何か楽しいことができないかと思うようになったからです。スタッフの「読み聞かせをやりたい」という声や、周りからのリクエストを受けたことではじまりました。

誰かと出会って、「一緒に何かしましょう」となったときに、絵本屋に何ができるのか、どんな提案が喜ばれるのかを、その都度考えています。だから、その時々で時間や空間、モノを作り上げることで、絵本屋の絵本、ステージ、イベントは進化していくと思います。でも、常にいいイメージを持ちながら、「この人と一緒にやりたい」という気持ちを大切にしています。

ゲストコラム ③

前進あるのみ

川口貴弘（學童舎代表）

たぶん、いしいさんは「不可能を可能にできる」タイプなのである。「これなのだ！」と、覚悟が決まると猪突猛進。なり振り構わず「突っ走る」のである。この「突っ走る」は、現代で成功する人の条件であり、且つ、現代を生きる上で、とても重要なファクターなのである。

たぶん、いしいさんは、過去を振り返ることがない。「良かったよねぇ、あの頃は」などという「あの頃」なんて、たぶんない。また、遠い将来のことを考えることも、たぶんない。常に「今を精一杯、生きている」のである。だから迷いなんて、たぶんない。

猪突猛進とはまさに
いしいあやのためのことば・・・

たぶん、いしいさんとの出会いは、あの「児漫長屋（東京児童漫画会）」に所属していた童画家・漫画家の宮坂榮一先生が、新作絵本を制作されていると小耳にはさみ、コチラからご連絡を差し上げたのがはじまりなのである。デザイナーの僕は、何から話をして良いかわからなかったのであるが、初対面では、デザインの話なんてしなかったのである、たぶん。

たぶん、いしいさんは、突っ走るがゆえに、技術や知識が追いついてこないことも若干あるのである。いえいえ、そんなのお構いナシなのである。できないことは、できる人に頼めばイイのである。1人で成し遂げるのではなく、みんなで成し遂げるのである。その点において、僕のような職人気質なタイプは、重要なのである。たぶん、いしいさんは、頼りにするのである。頼りにされると、期待に応えたくなるのが、職人なのである。ニジノ絵本屋から出版された絵本は、とても素敵な本に仕上がっているのである、たぶん。

たぶん、世の中の大半は、ウソなのである。概ね7割〜8割がウソであると言ってイイのである。とかくに人の世は住みにくいのである。しかしながら2割〜3割は、本物であり、本当のことを伝えたいと思っている人もいるのである。たぶん、いしいさんは、その1人なのである。そして驚いたことに、いしいさんの周辺は、本物だらけなのである、たぶん。

たぶん、何かがうまくいっていない人は、いしいさんをお手本にするとイイのである。成功するか、否かなんて、考えたってムダなのである。なり振り構わず、前進あるのみ、なのである。たぶん、いしいさんは「今を（思いっきり）生きている」なのである。今日も突っ走っているのである、たぶん。

第4章
絵本でつどう場所

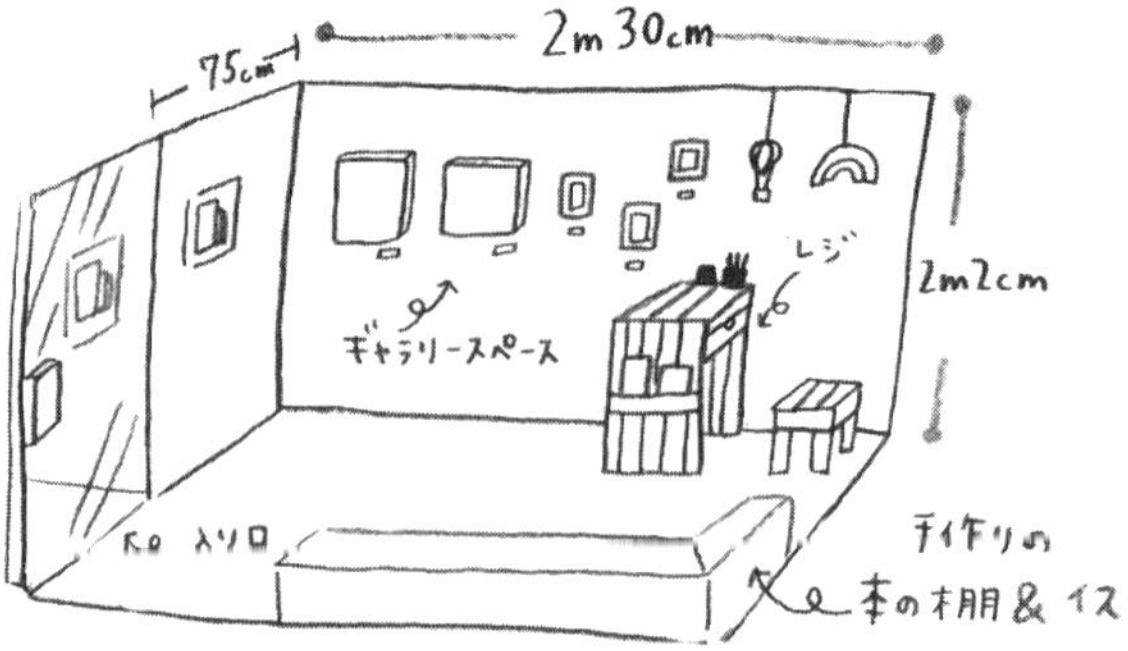

記念すべき原画展第1号は　絵本作家の　こやまともこさん
（木版画家でもある）

1

ニジノギャラリー・絵本原画展

作り手さんの作品発表の場にしていきたいという思いで、オープン当初から設けていたニジノ絵本屋のギャラリースペース。最初の原画展は２０１１年３月７日から４月９日まで、木版画家・こやまともこさんの作品展でした。

こやまさんとの出会いは、こやまさんのご両親が絵本屋の隣にある薬局に来られていて、たびたび絵本屋へも立ち寄ってくださったことがきっかけでした。

展示する作品は、あかね書房さんから刊行されている『かちかちやま』の原画。当時の絵本屋では『かちかちやま』の仕入れができなかったのですが、あかね書房さんから展示期間中のみ委託で取り扱いをさせていただいたことで、無事に店頭に並べることができました。

作り手さんの作品展をすることで、絵本屋を知らない人たちにも足を運んでもらう機会になりましたが、大きかったのはいろんな出版社の編集者さんたちが来てくださったことです。そこから、絵本屋と編集者さんの交流も少しずつ生まれるようになりました。

2 絵本屋のイベント「虹祭」開催

2012年の夏、『フルーツポンチ』を発行するタイミングで、都立大学界隈の仲良しのお店の方たちに協力をお願いし、出版記念イベントを兼ねたイベントを企画しました。名付けて「虹祭」です。

インディーズで作っていた絵本だったので、地元・都立大学のアーティストであるはらぺこめがねや『フルーツポンチ』を、近隣のみんなに知ってもらって宣伝できればと思ったのです。

イベントの期間は2週間。都立大学にあるギャラリーさんで、絵本原画の常設展示をしていただいたほか、趣旨に賛同してくださった地域のお店さんの〝好

きな絵本紹介〟のパネル展示、そして週末には、マーケットや絵本の読み聞かせ、えほんLIVE（『喫茶ハーモニカ』の著者さんのライブが、じつはニジノ絵本屋の初めてのえほんLIVEだったのです！）、写真家さんによるカメラと豆本のワークショップ、占いなどなど、盛りだくさんのイベントを開催したのでした。

それぞれのお店にも足を運んでもらえるように、都立大学の周辺マップやハンコを作って、スタンプラリーも実施。「都立大学駅の周りを『絵本』でつなげられたら素敵だな」というぼんやりした思いを、そのまま実行に移したのです。

もちろん、このイベントをしたことで直接的に大きな収入につながったかというとそうではなく、準備にかかるマンパワーを含めて大きな労力が必要で、継続していくことのむずかしさも感じました。

何も知らないからこそ勢いで行動を起こせるというのは本当にその通りで、経験して学んでいくと、速度や勢いは弱まるものな

のだなと、少し残念に思っています。
でも2週間の期間中に、街の人たちが参加して楽しんでくださり、その後も絵本屋に来ていただけるようにもなりました。

3 えほんLIVE

ニジノ絵本屋が「演《や》る」もののひとつに、えほんLIVEがあります。これは、いわゆる朗読ではなくて、音楽と絵本を融合させたパフォーマンス。

私は子どものときに聴いた音楽を、大人になってから突然何かの拍子に思い出すことがあるように感じています。懐かしい音楽を聴いたときに、子どもの頃の忘れていた情景を思い出したとか、記憶を呼び起こすきっかけになるもののひとつに音楽があると思うのです。

だから絵本のことを〝音〟としても記憶に残してもらいたいと思い、ミュージ

シャンの方々と組んで、各地のフェスやマーケット、マルシェなどのイベントに参加しています。

舞台ではできるだけスライドを使って絵本の場面を見せていきます。えほんLIVEでは、絵本を読むときのパフォーマー（読み手）のコンディションや、そのときの会場の雰囲気、ミュージシャンとの組み合わせ次第で、想像もつかないような最高のエンターテインメントになりうる可能性を秘めているといつも思っています。

絵本というと「子どものためのもの」と思う人がまだまだ多いかもしれませんが、絵本屋のえほんLIVEでは、アレンジして大人も楽しめるように工夫をしたり、ビートルズの曲を挟んだり、けっして子どものためだけのものにならないようにしています。

そのイベントや客層ごとに合った、メッセージ性のある絵本を選んでいるので、子どもたちが楽しむだけでなく保護者の方たちにも響くものがあるようで、えほんLIVEを見て、涙を流す人を何人も見てきました。とくに心や体が疲れている人たちを見ると、これからも続けていきたいと思うし、まだ行ったこと

のない場所、出会ったことのない人たちに会いに行きたいと思います。
　そしてお客様には、ライブで紹介した絵本を持ち帰って家でも楽しんでもらったり、部屋に飾ってもらえたらうれしいと思っています。

　あるとき、えほんLIVE終了後に物販コーナーにいると、

「さっきのステージ見ました。えほんLIVEで読まれていた絵本はどれですか？」

　続々と、ライブを見てくださったお客様がニジノ絵本屋の物販コーナーに来てくださいました。

　そんななか、1人のご婦人が声をかけてくださいました。

「とても素敵な活動をされていますね。えほんLIVEとても楽しかったです。ひとつお伝えしたいと思ったことがあるのでお会いできて良かった。私と同じ並びに座っていた、小学校高学年くらいの男の子が、最後のプログラムで、涙を流していましたよ。きっと心に響くものがあったのでしょうね。大きくなると絵本離れしてしまう世代の子たちにも違った形で絵本を感じてもらえるんでし

ょうね。ぜひ今後も続けていってくださいね」

そう言われて、私が手探りで進めていた「絵本と音楽」が自分のなかで「届けていきたい形」として、はっきりと見えたのでした。

残念ながら「絵本の読み聞かせ」にお金を払うという感覚は定着していなくて、当初これらのライブはボランティアで行っていました。でも、クオリティの安定したステージを届けるためには、ボランティアで続けるのはむずかしいと思いはじめていた頃でした。どんなに素敵な活動でも、演《や》っている側が疲弊していくようなスタイルでは長く続けられないのです。「好き」「やりたい」だけでは続けられません。

どうしたら「絵本と音楽」で、食べていけるようになるのだろう? もし、それが今の世の中にないことであれば、自分たちでこの価値を形にしていくしかないのでは?

もやもやとした思いを抱えていたのですが、その女性とお話ししたときに、「私は『絵本と音楽』をもっと形にしていくんだ」と、強く思ったのです。私たちの小さな形が、つながって広がって、いつか誰かの大切な何かになったらいいなぁと思うのです。

こんな経緯ののち、２０１５年からやっと出演料をいただけるえほんLIVEを実現できるようになっていくのです。

4 絵本ピクニック

カフェなどをお借りして開いているイベントに、絵本と食を組み合わせた「絵本ピクニック」があります。これはその名前の通り、おいしいものを食べながら絵本と食べものについてお話をするイベントです。

２０１６年の1月からスタートしたものなのですが、絵本と食でつながる楽しい時間を企画できないかと思い、当時、代官山にある素敵なカフェの店長さんと企画を立てて、毎月1回、朝と夜の計2回、絵本とおいしいコーヒーとご飯

その日その日で具材や味も
変わるのです♪
1m

のイベントをはじめました。

おいしいコーヒーの話と絵本の話がほどよいバランスで楽しめることからとても好評で、その後は全国各地で開催しています。

絵本が好きで日常に取り入れている人はたくさんいて、その方たちは私よりずっと絵本に詳しいです。だけど、私が絵本と出会って絵本の世界が広がっていったように、まだ絵本とのふれあいをあまり持っていない人にもっと絵本と親しんでもらうにはどうしたらいいのかな？　絵本ピクニックをはじめた背景にはそんな思いがありました。

「食」という入り口は年齢を問わず純粋に「楽しい」「おいしい」を共有できて、自然に絵本と出会えるのではないかと思っています。だから、絵本のことをよく知らない方に、食べることに興味があったらぜひ参加してほしいと考えています。そのなかで、ほかの参加者がおすすめした絵本に興味を持って、その絵本を手に取るきっかけにしてもらえるとうれしいです。

暮らしに絵本があることで毎日が楽しくなる、ということは、私自身が体験していることです。私の場合は仕事にしてしまいましたが、絵本と出会ったことで人生が驚くくらい変わりました。

絵本は小説と違ってたくさんの活字を読まなくてもいい、絵を見るだけでもいい、雑貨のように飾っておくだけでもいい。気が向いたときにふとページをめくって、なかに書いてあるメッセージを受け取ってもらえたらなと思います。

絵本を「作りたい！」だけでも、「売りたい！」だけでもなくて、私がやりたいのは絵本に関するすべてのこと。作ったらお客様に届けたいし、その絵本を使って何か楽しいことを提供したいし、売ったあとも関わっていきたい。それによって人との出会いが広がって、また新しい世界が広がっていく。だから、絵本を介してつどえる場所を、常に作っていきたいと考えています。

そんななか、２０１６年から「絵本と食」のテーマでコラボレーションしているのが「ものがたり食堂」のさわのめぐみさんです。彼女と出会ってさらに「絵本と食」の可能性が広がりました。２０１７年にはイタリアで「絵本と日本食」のコラボイベントも行いました。

絵本と食というと、「食育」の観点かと聞かれることが多いのですが、とくに

意識しているわけではなく、国や年齢のハードルがない「絵本」を使って、みんなで「おいしい」を共有しながら、たくさんの笑顔の時間と場所を作っていきたいのです。

「音楽」と同じように、「食」だからできると考えていて、「絵本」との相性もとても良いのです。絵本を介せば、世界中の知らなかった食文化に多くの人が出会えると予感しています！

「作る」「売る」「演る」のどれが抜けてもニジノ絵本屋は成立しません。今はすべてがビジネスとして成り立っているかと問われるとまだまだなのですが、パフォーマンスも今後はビジネスとして成立させていきたいと思っています。それだけで採算が取れるようにしたいです！

エンターテインメント事業単体で、人件費、運営経費をまかなえるようにするのが目標です。

2016年3月10月
2017年2月
京都府
トークイベントなど
2017年5月
大阪府アジア
BOOK MARKET
2017年3月
2014年10月
宮城県登米市
ニジノ絵本屋キャラバン
2015年7月
茨城県牛久市
ニジノ絵本屋キャラバン
2017年1月
2018年1月
熊本県
ツペラとニジとおむすびの
ぜいたくトゥナイト
絵本と音楽会
in Kumamoto
2012年11月
大阪府阪急梅田
2017年3月
岡山県
ニジイロクレイジー
島根県
マイトリーとニジノ絵本屋
in出雲
2015年8月
2016年8月
静岡県
ニジノ絵本屋キャラバン
in洞慶院

5 出張ニジノ絵本屋

行けるところであればどこへでも

えほんLIVEをはじめ、ニジノ絵本屋が各地へ出張に出かけることを「ニジノ絵本屋キャラバン」と称して、みんなでいろいろなところへ行っています。その都度メンバーは変わりますが、ご縁があって、行けるところがあれば私たちはどこへでも行きたいと思っています。

各地での様子をSNSなどで紹介すると、ありがたいことに「うちの町に

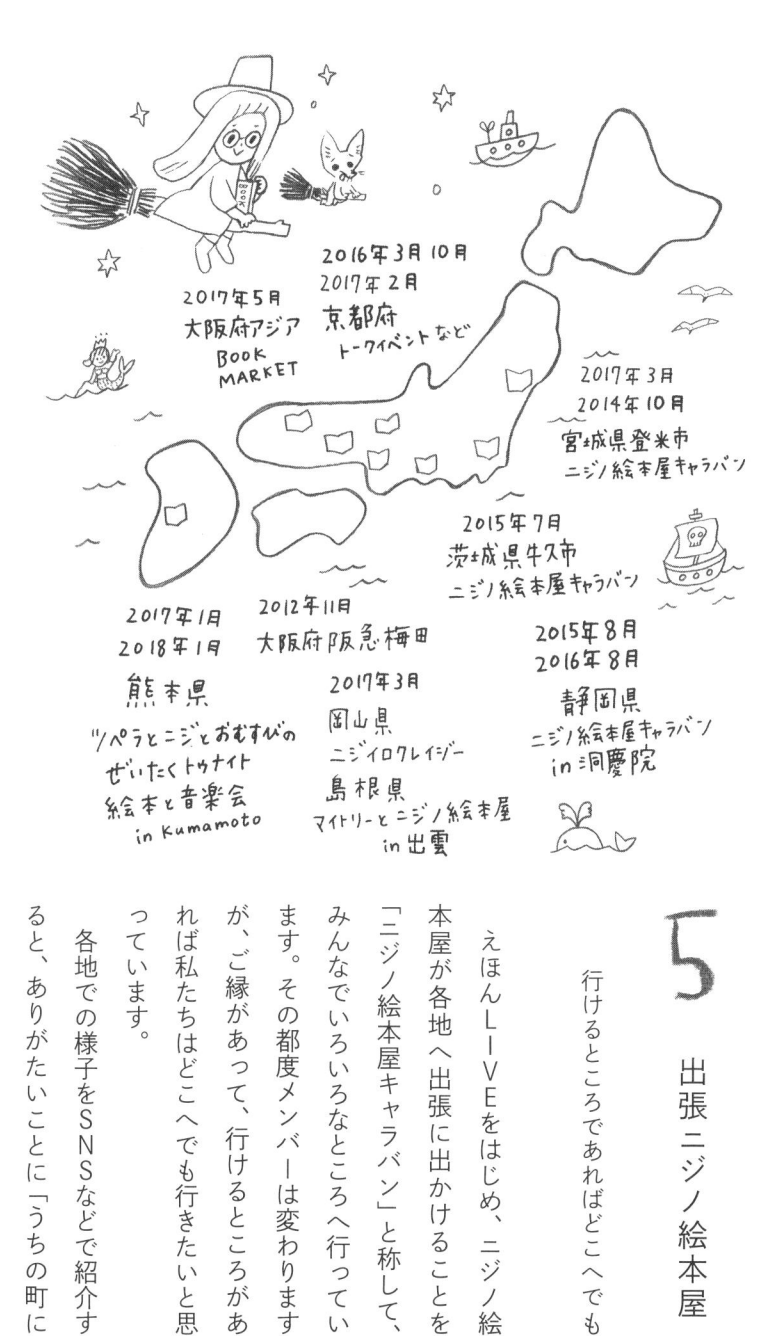

も来てください」というコメントやメッセージをいただくことも。そんな声を聞くと心が熱くなります。

「会いに行けるのであれば、会いに行きたい！」

これは絵本屋の、そして私の素直な気持ちです。すぐに、というわけにはいきませんが、できるだけ多くの人たちに絵本の魅力に触れてもらえるように、予定を立てています。

6 書店イベント・ワークショップ・トークショー

あるとき、「予算はほとんどないんですけど、ニジノ絵本屋さんに来てほしい」と言われました。大人数で行って、ライブやパフォーマンスをするわけにはいきません。

行った先々で自分に何ができるだろう？　そう考えたときに思いついたのが、

みんなで工作をしたらどうかな？ということでした。もともと絵本屋はこども未来研究所が発行する「こどノート」という工作キットを扱っていたので、それを使えばみんなで楽しい時間を共有できるのではないかと思いました。じつは妹のナオが、以前こども未来研究所の研究員として「こどノート」の開発に携わっていたため私にも商品知識がありました。

鉛筆や折り紙を使って自由に何かを作ったりすることは、子どもから大人までみんな集中して取り組めるので、ストレス発散にもなります。

「折り紙をちぎってサンドイッチを作って、絵本ピクニックしよう！」「絵本作家さんとピエロのお絵かきをしよう！」などなど、その都度状況や参加者に合わせて企画しています。

その他にも２０１８年からスタートした「なないろのえほんをつくろう」「ニジノ絵本工作ワークショップ――鳥と旅する７つの世界――」というワークショップは、約３時間のプログラムで参加者さんが１冊の絵本を作るというものです。

「絵本のイベント」だと子ども向けかなと、どうしても思ってしまうかもしれな

いのですが、ニジノ絵本屋のイベントはワークショップでもライブでも、対象年齢をなるべく設けないようにしています。大人でも本気で楽しめるイベントにしたいという思いでいつも企画しています。たとえばハサミを使う工作でも、ハサミを使えない小さなお子さんも保護者の方が一緒であれば参加してもらえるようにしています。

絵本は、絵と言葉、年齢、国籍関係なく楽しめるものであってほしいと思っていて、その絵本を介して楽しい時間と場所を一緒に共有して、みんなが楽しめるものをどんどん企画したいと思っています。

7 絵本屋のお引っ越し！　3階から路面店へ

2017年は、ニジノ絵本屋にとっても私にとっても大きな転換期となる年でした。

引っこし先はもともとclaveさんというキャンドルと器のすてきなお店でした。

そのひとつが絵本屋の株式会社化です。それまでは本業と二足の草鞋状態でしたが、絵本屋専業になると同時に、私は代表取締役に就任しました。

とはいえ、とくにお知らせしなかったので、気がついていない人も多いです。

そしてもうひとつの変化が、絵本屋の引っ越しでした。２０１６年の年末、いろいろな事情が重なり、１・５坪のお店を撤退することになったのです。

いちからお店を借りて絵本屋を作るには、想像するだけでお金がかかりそうでした。もちろん資金に余裕はありません。今後どうしようかなぁと考えていたときに、仲の良いお店のオーナー夫妻から声がかかりました。そこはもともと、私もよく利用していた大好きなお店でした。そのお店が出られることになり、「あとに入りませんか」というお話をいただきました。

大好きだったお店のオーナーさんたちが愛情を込めて営んでおられたことを知ってましたし、私にとっても思い入れのあるお店を引き継げることにご縁を感じてうれしく思いました。

家賃をうかがうと、ぎりぎりやっていけるかどうか……という金額でした。

これは綱渡り経営になりそうだと思ったものの、「きっとそういうタイミング

手作りのイスとレジカウンターは
旧店舗からの思い出
向きを変えられる
おとなもこどもも
座われるイス!!
レジカウンター
7つのイス

なんだ！　やってみないとわからない！」という気持ちで、なんの勝算もなかったのですが、お話をいただいた4日後には、お店の移転を固く決心していました。

　こうして、雑居ビル3階にある1・5坪の店舗から、6年目にして7坪の路面店に進出したのです。これは経営的にも大きな変化でした。

　1・5坪のお店の内装は、私にとってとても大切なものでした。オープン当初から使っていた、壁に取り付けた棚は持っていくことができませんでしたが、妹がデザインして知人が作ってくれた7つの椅子と小さなレジカウンターは、新しい店舗でも活躍してくれることになりました。

　前の雑貨屋さんから引き継いだ陳列棚や家具などとともに、これからも大切に使っていきたいと思っています。

ゲストコラム ④

無謀を可能にする人

佐藤友則（株）総商さとう代表

人は自分の経験したことのないことや世間で聞いたことのないやり方などで「やりたい」と相談されると「やめておけ」と言う生き物なのだと思います。

でも、世の中は経験したことのないことや聞いたことのないことに、反応するものではないでしょうか。

「ニジノ絵本屋」の誕生までには、たくさんの人生の先輩が「やめておけ」とアドバイスされたと聞きました。

常識で考えると無謀だと思われたのでしょう。普通に考えたら早々にダメになると思われたのでしょう。

いしいさんにはそんなことを吹き飛ばす「イメージ」が心の中にあったように感じたのが最初の出会いでした。

彼女には自分の中にあるイメージを表現できる力があります。だからきっと、いろんな人（作家さんたち）が応援するだろうとな思いました。

僕も出会ったその日にその1人となりました。彼女のやりたいことを聞いているととても楽しそうで、そしてそこには今までにない新鮮さがありました。彼女が巻き起こすであろうその新しい渦がニジノ絵本屋だけで終わることは業界の損失になるかもしれないと感じるほどでした。

そのひとつが「ニジノ絵本屋キャラバン　絵本作家の絵本棚」です。

彼女の活動に賛同した絵本作家さんが書いた直筆POPのあるコーナーがそのまま1カ所で完結するのはあまりにももったいない！

作家の想いが伝わるコーナーなんて全国の本屋が欲しがるような企画です。きっと作家さんにとっても多くの読者やファンに伝わることは大きな喜びにつながるはず。

　であるならば、その絵本棚が全国を旅すればたくさんの人が喜ぶことになる。彼女の一途な姿勢が小さなうねりを作りはじめています。

　そしてそのうねりを彼女のお店以外で一番最初に感じているのが僕と当店のお客様です。

　今までにないアプローチで商品展開ができ、原画展などに行かなければ見ることができなかった作家さんのタッチを目で見て感じることができると、お客様からとても喜ばれてますし、何より驚かれます。

「えっ、直筆なの？」と。

　当店では今まで以上にお客様の喜ばれる顔が見えます♪そして、商品がいつも以上に輝いて見えます♪

　これはきっと彼女の持つ力なのでしょうね。

えほん
佐藤さん

ウィー東城は広島県にある街の本屋さん
本屋さんだけでなく美容室やカフェ、
コインランドリーなど多角経営者！
本
化粧品
カフェ
本・化粧品・CD・文具
本・CD

第5章　絵本でつながる広い世界

1 ボローニャチルドレンズブックフェア2016

そうか、ボローニャ行こう！

毎年春にイタリアのボローニャで開かれている「ボローニャ国際児童図書展（ボローニャチルドレンズブックフェア）」というイベントがあります。世界中の児童書の出版社が集まって版権売買が行われる見本市と、世界中のイラストレーターを対象にした絵本原画展が開かれるイベントで、この時期のボローニャは児童書の関係者が一堂に会して街全体がにぎわいます。

仲の良い作家さんが過去に絵本原画展に入選されていたり、大手の出版社さんに現地での話を聞いたりしていたので、漠然といつかボローニャに行ってみたいなぁ、とは思っていました。

それが突如身近な存在になったのは、ニジノ絵本屋をオープンしてからまもなく5年になる、2015年の年の瀬のことでした。

友人たちとのクリスマス会の席で、来年の抱負を宣言することになったとき、勢いで「来年は海外に行きます！」と、宣言しました。

その後、年末年始の家族旅行の最中、クリスマス会で知り合った人から転送メールが届きました。その方の友人である絵本雑誌の編集者さんからのメッセージが記されていました。

「いしいさん、今年は海外展開を視野に入れているのであれば、ボローニャに行ったほうが早いです」

「何？　この謎のメール！」

会ったこともない人からどうしてそんなメッセージが来るのかとびっくりしました。

1月2日の出来事でした。

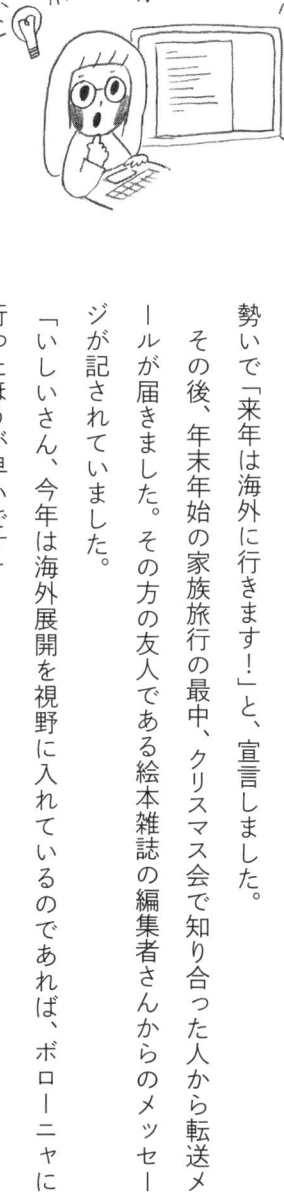

でも、そのメールを読んだときに、頭の中に「パーンッ！」と衝撃みたいなものが走り、「そうか、私は今年、ボローニャへ行くんだな」と、すぐにボローニャ行きを決めてしまっていたのです。

早速、以前ボローニャに行ったことのある絵本作家のテライシマナさんに「今

年ボローニャに行こうと思ってるんだ」と伝えたら、まさかの二つ返事で「私も行く!」と言われました。

この会話が1月4日の出来事です。

私がクリスマスに何の計画性もなく軽い気持ちで言ったことが、その10日後くらいにはほかの人を巻き込んで具体的に動き出していました。

ボローニャに行ったら何があるのか、何がどう早いのか。正直なところこの時点ではよくわかっていなかったのですが、「とにかく行ってみよう!」と、動きはじめました。

そして、3カ月の準備期間で、なんだかんだとメンバーが増えて、個性豊かなメンバーが集まり、総勢5人で行くことになりました。

とにかく3年

いよいよ初めてのボローニャです。まず2日間有効の入場パスを購入することにしました。会場内には、素敵な絵本がいっぱい。絵本屋で扱いたいなぁとか、個人的に欲しいなぁという絵本がたくさんあって、見ているだけで楽しくて仕

BRONZE PUBLISHING INC.
Electakids
TATE TATE
ボローニャチルドレンズブックフェアの
会場は世界中の出版社さんのブースがいっぱい!

方ない感じです。

でも、一通り見ているうちに、あることに気づきました。

日本国内の見本市は行ったことがあったのでだいたいの雰囲気は想像していたのですが、日本と違ったのは、気になる絵本があって版権購入の交渉をしたいと思っても、事前にアポイントを取っておかないと出版社の方とお話をすることも無理なようでした。

半日くらい会場を見てそのことに気づいて、とりあえず今回は雰囲気を見るだけにしようと気持ちを切り替えました。

「日本の絵本屋です」

気になった出版社さんのブースで、自

ポルトガルの出版社 YARAさん!
MAR
PLANETA TANGERiNA

己紹介をしながら回りました。すると、たいていは版権を買いに出版社の人が来ているので、私のように本屋の立場で来る人は珍しかったのが良かったようです。というのも、出版社にとって本屋はお客さん。版権売買の対象ではありませんが、名刺を受け取っていただくことができました。

　こうしていくつかの出版社さんにご挨拶するなかで、お話しできたポルトガルの出版社の方とは仲良くなって、今もＳＮＳでやりとりしています。

　ボローニャでは、ふだんからお付き合いのある出版社の方や、お名前は知っていて初めてお会いする方など、日本の出版関係の方がたくさんいらっしゃっていました。

　初日の夜に行われたパーティーでご挨拶をさせていただいた方のなかに板橋区立美術館副館長の松岡希代子さんがいらっしゃって、次ような言葉をかけてくださいました。

「ボローニャは3年目からが勝負よ！」

　勝負ってどういう意味だろう？　正直よくわかりませんでしたが、その言葉

が頭に残って、

「とにかく3回行けば何かわかるかも！　来年も何があってもとにかく行こう！」

現地ですでに心が固まっていました。

行ったら必ず出会いがあって、広がるものがあるはず。帰国後早々に翌年のプランを立てはじめました。

売れる絵本ってどんな絵本？

現地で仲の良い出版社の人たちと話していると、自然と「○○にかわいい絵本があった」とか「この絵本の版権が買いたい」といった話題が多くなります。

もちろん私も、いいと思った絵本のことを話すのですが、十中八九の確率で、他社さんからは「かわいいと思うけど、うちではやらないなぁ」という答えが返ってくるのです。

つまり、私がかわいいと思っている絵本は、どうやら大手さんのビジネスとしては成り立たないようなのです。何が売れるか、営業さんたち、バイヤー（?）さ

んたちは日本で売れる本を厳しく見分けているようでした。
私が「ニジノ絵本屋で扱いたいな」と思っている絵本は、大手の出版社さんとかぶらないのかもしれません。同じことをやろうとしている出版社があるよりも、むしろ可能性があるのではと思いました。

2 ボローニャチルドレンズブックフェア2017

さて、2017年、またもボローニャ国際児童図書展の季節がやってきました。2度目のボローニャは、前回と同じようにただ見て帰るというわけにはいきません。

今回は、事前にニジノ絵本屋の独自イベントをすることが決まっていて、現地の複合書店のレストランスペースで、日本食と絵本を楽しむ会を開催することになっていたのです。

というのも、前年にボローニャに行ったさいに、私はニジノ絵本屋レーベルの絵本を持って行って現地の街中にある本屋さんにもご挨拶をしていたのです。大手チェーンの本屋さんだったこともあって、販売の交渉はできませんでしたが、食に関する本を持って行ったこともあって、食の本の担当者の方がとても興味を持ってくださり親しくなりました。といっても英語もイタリア語もできないので、通訳の方を介しての話なのですが。

帰国後、現地在住の日本の方が協力してくださって、翌年はそのお店で食に関するイベントを開こうという話になりました。ちょうど現地は日本食がブーム。先方は絵本の内容に合わせて何か日本食を作ってほしいと言います。

幸運にも、この年は「ものがたり食堂」のさわのめぐみさんと一緒にボローニャへ行く約束をしていたのです。彼女は、イタリアの料理店で修行された経験をお持ちで、今までもイベントでご一緒したことがあります。

早速相談してみたところ快く承諾してもらいました。現地では、日本にもあるＥＡＴＡＬＹというイタリアンマーケットとコラボレーションする形で食材を提供してもらって、さわのさんに日本料理を作ってもらう段取りになりました。

ものがたり食堂
さわのめぐみさん
おにぎり
ごはん
ようかん
イチジクとかくるみが
はいっているよ

また、同時期にミラノで開催されている世界最大級の見本市「ミラノサローネ国際家具見本市」で、デザイナーをしている妹の漆器作品が展示されることになり、妹も一緒に行くことになりました。

3 海外での書店イベント

というわけで、2度目のボローニャは「ものがたり食堂」のさわのさんと妹の3人旅です。

今回のボローニャでのミッションは、何よりもまず食のイベントを成功させること。そして、前年知り合ったポルトガルの出版社さんと再度お話しをすること、そしてできれば現物輸入の交渉、というものでした。

食のイベントは、こぢんまりとしたものをイメージしていたところ、なんと定員30名というスケールに拡大。打ち合わせを重ねるうちに、メニューに寿司がほ

しいとか肉と魚のメイン料理、デザートがついた本格的なコース仕立てがいいということになり、最終的にはけっこうなボリュームになりました。それをさわのさんがほぼ1人で作り上げるのです。

ちなみに予約制で約50ユーロ（日本円で６５００円くらい）というお高めの設定でしたが、日本食ブームということもあって、すぐ満席になりました。お客様のなかには、イタリアの元大統領をはじめ、セレブ層の方々もいらっしゃいました。

私は何をしたかというと、食事をしている人たちの間をおにぎりや和菓子の絵本を手に持ってまわって、「この絵本の食べ物がこれですよ」というようなアピールをする担当。言葉はわからなくても絵本だけで説明できたのは、絵本の持つ力のおかげだと思います。

参加してくださった方にも「おいしいよ」という言葉をたくさんいただき、なんとかイベントを無事終えることができました。

余談ですが、イベントでは自社レーベルにある『すきやき』にちなんで、当初すきやきメニューの提案を考えていたのです。そもそも2作目の絵本のテーマに

"SUKIYAKI"って
ワールドワイドに共通の言葉じゃ
なかったの!? まさか…

すきやきを選んだのは、海外での知名度があるに違いない！　そんな意気込みがあったから。しかしこれが大失敗でした。

「スキヤキ、ジャパニーズソウルフード！」

連呼しましたが、イタリア人にはまったく通じず。どうやら「ＳＵＫＩＹＡＫＩ」が通じるのはアメリカ圏だけでのことだったようなのです。

イタリアでは砂糖を入れた甘い料理が受け入れられないことと、すきやきに使う薄切り牛肉が手に入りにくいということもあり、残念ながらすきやきのプランは実現しませんでした。

ちなみにイタリア人が考えるジャパニーズソウルフードは寿司でした！

ゲストコラム ⑤

いしいあやクオリティ

さわのめぐみ（フードディレクター、ものがたり食堂）

その1：あやさんは羽田からフランクフルトへのフライトで「仕事するんだ!!」とパソコンと資料を大量に持ち込んでいたのですが、離陸して30分後には口を開けて寝ていました（証拠写真あり）。食事時間にはしっかり起きて残さず食べて、仕事するかと思いきや、また寝て、起きたと思ったら食べて、寝てました。

フランクフルトに到着後、乗り継ぎ場所までの距離が長く仕事用に持ち込んだ荷物があまりにも重すぎてなかなか先に進めませんでした。何のために持ち込んだ荷物だったのでしょう。

その2：ボローニャにてフードイベントをありがたくさせていただくことになりました！　が、やっぱりアシスタントが必要！　となったのですが、あやさんは「あたいが手伝うから!!」心強い言葉をくれました!!　が、当日履いてきたのがヒールの靴……キッチンに入るのにヒールはちょっと、と意見したところ「ペッチャンコ靴買ったよ!!　手伝えるよ」とまた心強い言葉……ありがたい!!　と思いきや革靴……。キッチンに新品の革靴……内心「ただそれ欲しかっただけじゃん!!」と思いました。革靴では調理場に入れないので（滑るし危ないので）結局お手伝いしていただけませんでした。あのときはきつく言ってしまってごめんね、あやさん。

その3：ミラノにてホテルに大量に持ち込んだお酒に酔ってあやさんの声が大きめになり、妹のナオさんに怒られてました。ミラノだけではなくボローニャ、フィレ

ミラノのホテルにて…
やっぱりおいしいね
ワインっ!!
うまーうまー
あーしあわせやー

ンツェでも一度は怒られていました。

その4：あるお仕事で衣装を決めました。アレコレ悩んで決めてあやさんが蝶ネクタイを注文しました。当日現場に向かう途中で蝶ネクタイが届いてないことが発覚!!

なぜ言わない（笑）？　なぜ言わなかったんだー！　と思っていたところ、「だいじょうぶ。代わりに持ってきたリボンがかわいいから！」と、注文が遅かったことは帳消しの笑顔で言われました。結局あの蝶ネクタイはどこへ行ったんだろう……。

私はこのいしいあやの珍事件や行動を「いしいあやクオリティ」と名付けて「あやさんだから仕方ない……」と自分に言い聞かせてます。

飲みすぎじゃない!?
はーい…
スンマセンデシタ。

4 輸入本の販売・版権売買

２０１６年のボローニャ国際児童図書展では、現地で気に入った絵本を個人的に数冊購入して帰りました。ニジノ絵本屋の雰囲気に合うようなかわいい絵本ばかりです。

購入してきた絵本たちは絵本屋の店内に飾ってあるのですが、これを見て「欲しい」というお客様がとにかく多くてびっくりしました。イタリア語だったり英語だったりポルトガル語だったり、日本語ではないので読めない人が大半だと思いますが、珍しいからかみなさん欲しいとおっしゃっていました。

これだったら現物輸入をすれば絵本屋で売れるかな？　輸入本の販売価格はこちらで自由に決めることができるので、日本で仕入れた本の利益率から考えると、やり方次第では実現できるような予感

もありました。そして、もし安定して輸入ができるのであれば「ニジノ絵本屋でしか扱っていない」絵本を売ることができたらいいなと思っています。輸入の手続きとか乗り越えるべきハードルはたくさんありますが、私たちは直接販売できる場があるのでチャレンジしてみたいです。

また、海外ですでに出版されている絵本を日本語に訳してニジノ絵本屋レーベルから出版させることができないかということも現在検討しています。これは今後実現させたいことのひとつです。

絵本を通じて新しい出会いを

ニジノ絵本屋の絵本はほぼバイリンガルで作っているので、海外で売るためのハードルは比較的低いと思っています。実際に2016年、1回目に参加したときは手持ちで何冊か持って行って、現地の本屋さんで見てもらい手応えもありました。

絵本を介して世界中の人たちと一緒に何かできれば楽しいだろうし、そのためのパートナーに私たちを選んでほしいし、絵本だからこそできる、というこ

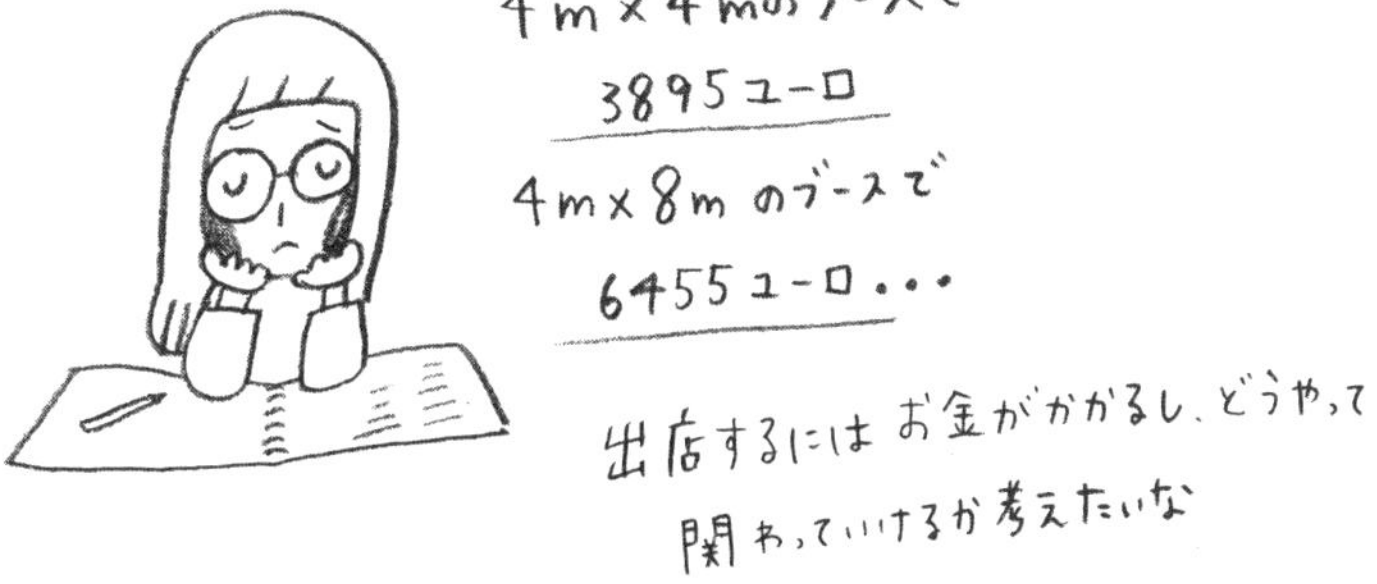
4m×4mのブースで
3895ユーロ
4m×8mのブースで
6455ユーロ・・・
出店するにはお金がかかるし、どうやって
関わっていけるか考えたいな

とを世界中の人とやりたいと思っています。

3度目となるボローニャでまたイベントをすることで、次につながる何かがきっとあるだろうという気持ちで準備をしました。

その先の目標は、2020年までに絵本屋として単独でブース出店をすることです。現状では、絵本屋のオリジナルレーベルのタイトル数もまだ少ないため、出店料を考えると出店するタイミングではないように思います。

ちなみにブース出店するための費用は非現実的というほどの金額ではないですが、今の絵本屋に手が届くかというと決してそうではありません。

2018年は、「勝負の3年目」の年。そこでまた新しい出会いをして、人とのつながりを増やして、出店に向けて力をつけておきたいのです。毎年何か行動を起こすことで、次につながるのだと思っています。

作家の市口さんの
紹介がきっかけで
現地イベントを開催しました

5 勝負の3年目！

２０１７年の食イベントはなんとか成功しましたが、もちろん課題もたくさんありました。イタリアの人に、日本の絵本のおもしろさ、良さをもっとうまく伝える方法があったのでは？　次に行くときはそのあたりも考えて行かないといけないかなと思うようになりました。

また、このときの会場では絵本の販売許可をもらえなかったので、せっかく日本食に興味を持たれた方に絵本を購入していただくことができなかったのも悔いが残る点です。

でも、じつはここでも次の出会いがありました。このときからつながったご縁で、

「ボローニャに日本人が経営している和食屋さんがあるから、来年はそこでイベントをしてみては？」

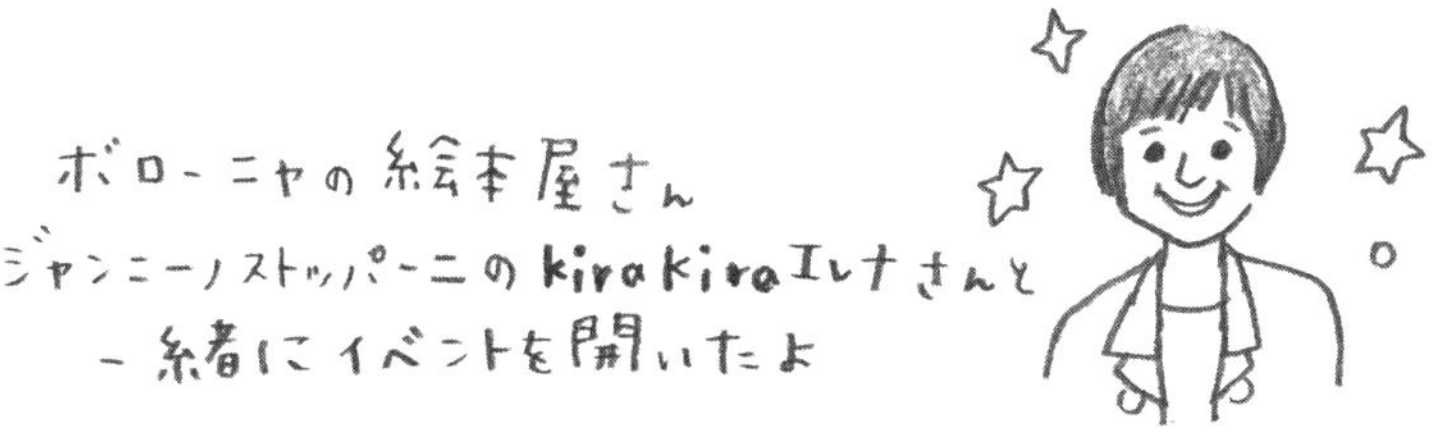
ボローニャの絵本屋さん
ジャンニーノストッパーニのkirakiraエレナさんと
一緒にイベントを開いたよ

と声をかけていただきました。

また、別の本屋さんにもご挨拶にうかがい、翌年にワークショップを開催する方向で調整をしていくことになりました。ボローニャでは一番古い有名な児童書の専門店で、

「1年あるからしっかり準備しましょう」

と言っていただきました。

ほかにも、偶然うかがうことになったミラノの本屋さんとも、今後何かイベントを一緒にできたらいいですね、とお話ししています。ここのお店は店内のディスプレイがとても素敵で、そんな部分でも勉強になることが多くありました。

現地での活動の足がかりができたことを考えると、準備が大変だったけれど2年目も行って良かったと、心から思うのです。

ニジノ絵本屋「国際部」誕生

じつはニジノ絵本屋のホームページ内にはEnglish pageがあります。

さらにお伝えすると、ニジノ絵本屋には国際部があるのです。主な活動主体

は、英語が堪能なスタッフの佳奈さん。子育てをしながらフレキシブルに絵本屋の仕事に参加してくれていて、海外から来る問い合わせにメールで対応してもらっています。

国際部というと大げさに聞こえるかもしれませんが、これは2016年に、私がボローニャに行き出したことで、必要になり作った部署なのです。

今後絵本屋はグローバルに動く予定なので、小さくても国際部は必要だと思いました。絵本がバイリンガルなので、海外版権売買と輸出入、両方の可能性を考えています。

佳奈さんとジョイスは
留学時代のルームメイト

6 台湾へ行く

台湾に会いたい人がいる

2016年は、イタリア以外にも海外とのつながりが生まれた年でした。1月に台湾在住のイラストレーター、Joyce Wan（ジョイス・ワン）さんの企画展「リトル・スー展」を開催したのです。

彼女との出会いは、当時はまだ、ニジノ絵本屋のお客さんだった佳奈さんからの紹介でした。佳奈さんは英語、ジョイスは中国語と英語を話すので、企画展の準備はもっぱら佳奈さんが窓口でした。私は英語を話すことができません。

そのなかでジョイスがゆくゆく絵本を出したいと思っていることなどを知り、ゆっくりのペースではありますが、絵本作りも3人ではじめることになりました。

しかし、台湾と日本、物理的に距離が離れているうえに、ジョイスと私は佳奈

秋刀魚
日本の文化を紹介する台湾の雑誌
秋刀魚の編集長 エヴァちゃん

さんを介さないとコミュニケーションが取れない状態です。なかなか思うように絵本制作が進まないなか、2016年6月にジョイスが日本に来ることになりました。

「だったら、ニジノ絵本屋の事務所に滞在して絵本合宿をしよう!」

寝食を共にして、絵本の制作をするのです。2泊3日でしたが、スタッフや、ご近所の絵本作家さんたちにも紹介ができて、みんなで楽しい時間を過ごすことができました。その後は私が台湾に行くたびに、現地で親交を深めています。コミュニケーションはLINEの翻訳ツールなどを使うのですが、細かいニュアンスは絶対に伝わってないだろうなと思いながらも、彼女とは良い友人関係となりました。

ジョイスとの出会いを通じて、台湾に行くたびに仲良くなる人が増えていき、SNSのフォロワーさんも台湾の方が多くなりました。

とてもご縁がある国で、「台湾に行ったらここに行ってみたい!」と思う本屋さんやギャラリーなどもたくさんあります。

後藤店長
台湾ジュンク堂さんでの
トークイベントは超緊張!

台湾は、行きたいところ、会いたい人がいっぱいいます。雑誌の編集部だったり、作家さんだったり、たまたまどんどん出会ってつながっていきます。

きっと、これからもっと楽しいことが台湾には待っているんだろうなと、予感がしています。

台北でのトークイベント

2017年12月12日、この日は台湾での初めての書店イベントの日でした。会場は、なんと台湾ジュンク堂さん。

児童書のコーナーにニジノ絵本屋のコーナーをとても大きく作っていただいている本屋さんで、スタッフの方が1冊1冊に中国語で手書きのPOPを添えてくださっていました。とても丁寧にコーナー展開がされていて、売り場を見たときは愛情を感じとても感動しました。そんなジュンク堂さんでの初めてのイベントでした。

私が一番心配していたのは集客でした。果たしてお客様が来てくださるのか。

じつはトークイベント開催の2日前、絵本屋は「カルチャーアートブックフェア in 台北」に出店しており、その初日に台湾ジュンク堂の店長さんがお客様に配るためのチラシを持ってきてくれました。2日間でチラシはすべて配りきりましたが、台湾では無名の絵本屋のトークイベントに人が集まるのか……と、直前までかなり心配でした。どれくらいお客さんが来るのか予測さえついていませんでした。

当初、店長さんから「15名くらいの規模のイベントで」と、言われていたにもかかわらず、当日、なんと20名を超えるお客様にお越しいただきました。イベント終了後にも多くのお客様に声をかけていただき、本当にうれしかったです。通訳さんを介してですが、参加者の方からたくさんの質問をいただき交流できました。

とてもとても貴重な機会をいただき感謝の気持ちでいっぱいのトークイベントでした。

実感したことは、絵本屋をやっていたから、このとき、この場所で出会えた人がたくさんいたということです。機会があれば、世界中の本屋さんで「絵本」にまつわるイベントをしていきたいと改めて強く思いました。

『ふしぎの国のアリス』は
Printed in Taiwan
になりました
ホカホカ

7 印刷製本を海外で

台湾とのご縁は続くもので、イベント以外でも訪ねる機会が出てきました。それが、絵本の印刷製本です。

もちろん日本にはたくさんの印刷屋さんがあって、送料などを考えると国内で印刷したほうが安いに違いないのですが、台湾での印刷製本を選んだのはある理由がありました。

話は少しさかのぼりますが、私が松本かつぢさんの『ふしぎの国のアリス』の原画に惹かれたのは、その絵柄のかわいらしさはもちろん、時代の流れを感じるやさしい色合いが素敵だったからです。現存している『講談社の絵本 ゴールド版』と原画を比べてみると、色合いの違いは歴然としていました。

原画を直接見たからこそ感じたやさしい世界観、その感動をみんなに伝えた

い。そんな思いもあって、原画の美しさを極力いかした絵本を作るということが大きなミッションになりました。

紙問屋さんを紹介してもらい、数々の紙のなかから絵の雰囲気や色の再現に適した紙を検討し、製本のさいに背の部分に布を貼るなど、これまでになく造本にもこだわりました。当然コストがかさみます。

印刷屋さんにクロスの背継ぎという特殊製本をしている製本屋さんを探してもらったところ、手作業になるので、とても高い見積になりました。

１０００部刷っても、２０００部刷っても、さほど見積額は変わらず、何社か相見積を取りました。結果、紹介してもらった印刷会社のうち、台湾に工場を持っているところの条件が良かったため、お願いすることになりました。

印刷に立ち会うため、私は充地栄さん、川口さん、印刷屋さんと台湾へ行きました。作業をされるところを直接確認して色味の調整を行うためです。大好きな台湾でのお仕事は納得のいくものになり、仕事を終えたあとは仲の良い友人たちにも会えて、楽しいものになりました。

第6章 絵本で出会う人たち

1 絵本業界のフットサルチーム・LIBRISTA

ニジノ絵本屋をはじめてから、仕事とプライベートの境目がすっかりなくなってきました。考えているのはいつも絵本屋のことばかり。進行中の出版物のことや次のイベントの段取り、そして仕入れのことなどなど。交友関係もほとんどが絵本業界の人で、どこまでが仕事でどこからが遊びなのか自分でもよくわからなくなってしまいます。

そんななかで親しくなった、絵本ナビのみみたんに、

「あやさん、フットサルおもしろいからやろう」

と、ある日誘われました。私はスポーツは超がつくくらい苦手なので断りかけましたが、仲のいい友人が誘ってくれたのだからと思って、とりあえず行ってみました。そしたらそれがすごくおもしろかったのです。

メンバーは絵本作家さんや編集者さんからなる男女混成チーム。月に一度の

フットサルと親睦会がセットになっていて、そこにいろんな絵本作家さんや出版社の編集者さんたちがいます。

ただ、フットサルのメンバーには業界の人なら知っているような有名な方もいらしたのですが、私は絵本作家さんのことを全然知らないのです。顔と名前が一致しないどころか、名前すら知らなかったりしました……。

あるときたまたま隣の席になった方と楽しくおしゃべりしていて、自己紹介のタイミングで、「何をされてる方なんですか?」とお尋ねすると周りがザワザワ……。その瞬間の凍りついた雰囲気といったら!

その場にいる誰もが知っている絵本作家さんだったのです。

その一件があってから、それまで以上にもっと作家さんのことを知るとともにいろんなところに積極的に出かけて、みなさんと交流を深めています。

絵本作家の絵本棚

ところで、前の店は1・5坪という超狭小店舗だったのに、2017年4月に移転した新店舗は7坪！　ざっと4〜5倍の広さです。自分では「わーい広い！」くらいに思っていましたが、実際問題として、そんなに広いスペースをどうやって埋めたらいいんだろうと、少し不安もありました。棚を埋めようと思ったら仕入れを相当増やさないといけません。

でも絵本屋は相変わらず取次の口座を持っていなくて、子どもの文化普及協会さんからの仕入れが中心です。たくさんの在庫を抱えて売れなかったらどうしよう……。そもそもどんなアイテムを仕入れたらいいのかさえわからない……。家賃が上がる分、売上目標が上がりました。

これまで買い切りの仕入れでやってこられたのは、1・5坪だったから。在庫数（在庫金額）が圧倒的に少なくて済んでいました。でも、7坪の広さのお店で在庫金額を考えると、単純に今までの在庫金額の4・5倍以上になります。すべてが買い切りだと仕入れの資金面でも厳しくなることは予想がつきました。

今まで仕入れはかなり絞っていたのに、増やしてしまっても大丈夫だろうか？

在庫金額が増えてしまうこと自体への不安があるものの、まずは棚をどうやって埋めようかと考えていたタイミングで、救いの神が現れたのです！

「絵本屋、広くなったら、棚埋められないでしょ？」

フットサルの練習が終わって、いつものように親睦会をしているときに、絵本作家の新井洋行さんが声をかけてくれました。

この時点で私はノープランです。

「じゃあさ、毎月、絵本作家が持ち回りでリコメンド棚を作ろうよ」

思いがけない申し出に

「本当ですか？　やってくれるんですか」

私はびっくりやらうれしいやら、なんて素敵な企画がはじまりそうなんだろうと、思いました。

「ここのメンバーで回したら、1年回るよ」

フットサルのメンバーは、絵本作家さんのほかに、出版社の編集者さんやデザイナーさんたち、業界関係者の方ばかりです。みなさんに持ち回りでおすすめの本を1棚分推薦していただき、「リコメンド棚」という企画ものにしてしまおう、というのです。業界で活躍されている方たちのおすすめ本が並べば、ファンの方にも喜んでもらえるはず。もちろん、絵本屋としては棚が充実するのでこんなにうれしい企画はありません。

「やった！　棚ひとつ埋まった！」

思いがけない流れでリコメンド棚をすることが決まりました。

じつはリコメンド棚を作るときに、不安もありました。作家さんたちのリコメンド本はいつも仕入れている絵本とは異なるので、それがどれだけ動くのかということです。

リコメンド本が絵本屋の客層に合わず在庫を抱えてしまったら、デッドストックになる可能性もあるので悩みました。ちょうどこの数年のあいだに大手の取次会社が返品のできる少額取引サービスをはじめたこともあり、これを機に取

次と契約をするべきか、ほかの方法を考えるべきか……。いろんな方に相談して、本当にあらゆるアドバイスをいただきました。

いろいろ悩んだ末、今まで通り、仕入れたい絵本は買い切りでやっていくことにしました。もし買い切りでうまくいかなければ、そのときにまた考えればいい！

そう決断して、いつも通りに仕入れることにしたのです。もちろん勝算なんてないし、とても不安でした……。

今までよりたくさんの仕入れをして過剰在庫を抱えることを心配してくれる人たちから

「売れなかったらどうするの!?」

とも言われました。で、そのときについ出てしまった言葉が、

「売れないものは仕入れない！」

というものでした。

これまで絵本屋でデッドストックになるような絵本はありませんでした。たとえ半年間ずっと棚に置かれたままだった絵本でも、ある日突然売れることも

ありますずっとその人との出会いを待っていたかのように、自然に絵本屋から出ていくのです。

絵本には売れるタイミング、出会うタイミングがあって、店頭に並んでからの遅いか早いかということはあるけれど、結果的に必ず売れていきます。だからきっと大丈夫……。

もちろんその背景には、ふだんそんなに強気な仕入れをしていないということもあります。

そんなこんなで第1回目のリコメンド棚は、提案者の新井さんからスタートしました。新井さんカラーの推薦本が絵本屋に並び、そのなかには私自身知らなかった絵本がたくさんありました。

お店には、新井さんの推薦本と一緒に新井さんの著作も用意して、新井さんワールドを展開しました。ふだんの絵本屋には並んでいない絵本に出会ってもらえて、新井さんご自身の作品にも触れてもらえる企画となり、新井さんのファンをはじめ多くのお客様にお越しいただき楽しんでもらうことができました。

いつもやさしい
とくながさん
原画を保護するために
ブロンズ新社のとくながさんが
額装してくださいました。

このリコメンド棚のイベントには、サプライズもありました。それが、推薦本に新井さんがつけてくださった直筆のPOPです。推薦本のうちいくつかの本に関しては、見どころをイラストつきで描いてくださったのです。

「貴重なものだからコピーを展示したほうがいいんじゃないの？」

周りからそんなアドバイスもいただきましたが、やっぱり作家さん本人の直筆の絵を直接見てもらいたいという気持ちが強く、汚れ防止のためのカバーだけつけて、そのままリコメンド棚のところに展示することにしました。

絵本棚キャラバン

ニジノ絵本屋の絵本作家の絵本棚は絵本作家さんたちが選書してくださったものだから、絵本屋だけで終わらせるのはもったいない。

「絵本屋とおつきあいのある本屋さんにリレー形式でやってもらえたらなぁ」

漠然と思っていたら、賛同してくださったのが広島県のウィー東城店の佐藤友則さん。絵本屋から作家さんのリコメンドリストをお渡しし、手描きのPOPも佐藤さんのお店で一緒に展示してもらうことになりました。

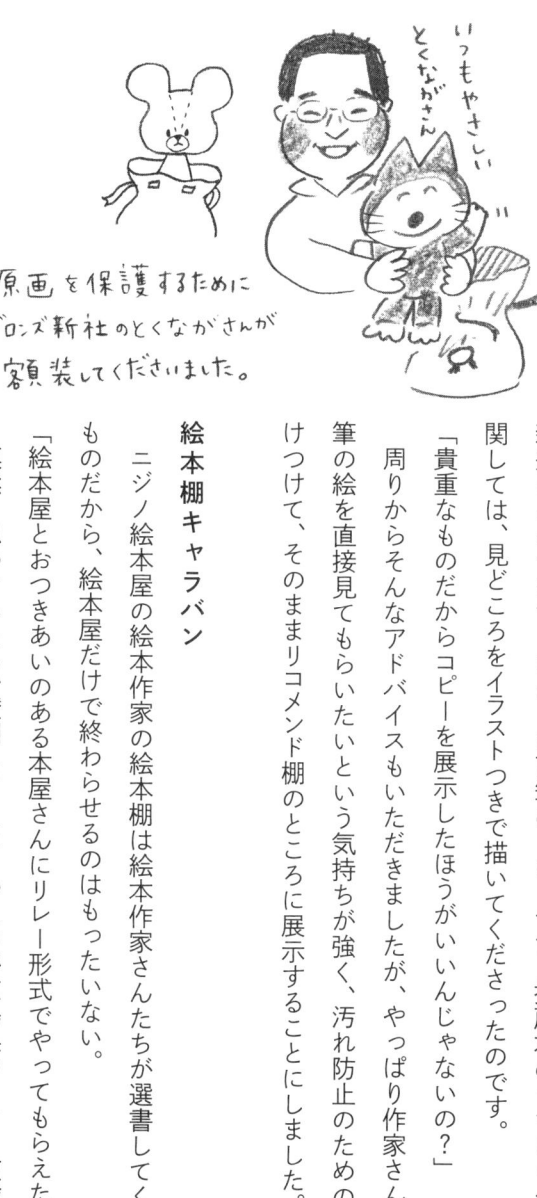

このときも「コピーしたほうが……」というアドバイスをいろんなところからいただいたのですが、やっぱり直筆を見てもらうことに意味がある！　そう思いました。とくに地方にお住いの方にとって、作家さんの直筆作品を見ていただける機会はそうないはず。だからこそ余計に、現物をお渡ししたいと思ったのです。

まだはじまったばかりの絵本棚キャラバンですが、絵本屋からスタートしたリコメンド棚と作家さんの直筆のＰＯＰが地方の本屋さんに届くことが、私が思い描いている「虹のかけ橋」になっていくように思います。そしてそのことが、地方の本屋さんにもお客様が足を運んでもらうきっかけになればいいなと思っています。

知らない人から原稿が届いて
びっくりすることも

2

絵本を一緒に作る人

出会いから生まれる絵本作り

２０１８年まで、ニジノ絵本屋には「出版部門」とか「編集部」とかいう部署はなく、絵本作りに関しては、私１人で事業として進めてきました。事業なんて大げさな言い方に聞こえるほど、小さな小さな出版活動です。でも、そんな小さな絵本屋に、「絵本作家になりたい」「絵本を作りたい」「絵本の原稿を見てください」と、たくさんのお問い合わせをいただきます。

絵本屋の出版事業は、良くも悪くも、出版計画があり、作家発掘にアンテナを立てているということはなく、いつもなぜか偶然に出会ってしまった人と絵本を作っています。そして、直感ではありますが、「この人とは絵本を作るんだろうな」と、感覚でわかってくるようになりました。

ニジノ絵本屋レーベルでの絵本は今まで、はらぺこめがね、宮坂榮一さん、そ

いつかできるから楽しみにしていてね
イラストレーター
デザイナーのコナツさんとは
4年がかりで絵本を作っています。

して、松本かつぢさんのご家族と作ってきました。宮坂さんとかつぢさんの絵本にはブックデザイナーの川口さんがメンバーに入っています。はらぺこめがねの2人はもともとグラフィックデザイナーだったので、彼らと私の3人で作り上げることができました。かつぢさんの絵本は、ご家族のみんなと作っている絵本です。ファミリー絵本を作るときも、それぞれの絵本1冊1冊によって、メンバーが変わります。

仲間たちと、まだ見ぬ世界へ

現在、ニジノ絵本屋で作っていて出版を控えている絵本が何冊もあります。一緒に絵本を作ろうと決めて、ゆっくり育んでいる案件がじつはたくさんあります。

作り手さんのその時々の人生の状態などはさまざまなので、ベストなタイミングが自然に訪れて絵本を作りはじめていることが多いです。

今、出版の準備をすすめているのが、こばやしゆきちゃん。この本のイラストも手がけています。

木の実とふねの
ものがたり展
ふねで旅する女の子
のものがたり

こばやしゆき
絵本作家
この本のイラスト
をかいています

絵本作家志望の彼女とは、出会ったときに「きっとこの人とは一緒に何かやるだろうな」と、思いました。そして、絵本を作りたいという彼女の思いを聞いて私が最初に提案したのは、「まずはその頭の中を形にしてみよう！」ということでした。

「絵本屋で企画展をしてみよう！」

「起承転結とか考えなくていいよ！　描きたいシーンを描きたいだけ描いてみて！」

という感じで進めました。彼女の絵の世界観が好きだったので、私の中で具体的なイメージがどんどん見えました。そして、「木の実とふねのものがたり」という個展の企画を通じて、私たちは〝彼女が作りたい絵本の形〟を体験することができたのです。彼女のなかでも物語がより具体的になっていったのだと思います。

個展が終わってから絵本の制作に取り掛かり、実に構想にかかった期間は約1年。その終盤になって、私はまた閃きました。「絵本に歌をつけよう！」と。

私の周りにはミュージシャンの方がたくさんいます。でも、ゆきちゃんの絵

本を作るにあたって迎えたミュージシャンは、初めてご一緒する方でした。

出会いは２０１７年5月、私が参加していたアウトドアイベントのライブの出演者でした。ライブステージとは別に、子ども向けの音楽ワークショップがプログラムにあり、見学させていただきました。そのワークショップは、「音楽で船を作って冒険に出よう」というとてもおもしろいものでした。

その時点ではまだ漠然としていて、「何かご一緒しましょう！」などと声をかけられるような感じではありませんでしたが、ちょうど『木の実とふねのものがたり』という絵本作りを進めていくなかで、何かがリンクしたのです。

ダメ元でメッセージを送ってみたところすぐに返事が来て、なんとメールをした翌朝に私はその方と打ち合わせをしていました。絵本作りの終盤にいきなり仲間が増えたのです！　そこから絵本の制作は思いもよらぬ方向へと進んでいきました。まさに、まだ見ぬ冒険に漕ぎ出した絵本という船に乗っているかのような絵本作りです。

さらにもう1冊の絵本は、現在絵本屋のスタッフとして働いているガッキーの作品『野心家の葡萄』です。これも「絵本で生きていく」仲間だから作り合えている作品で、「絵本を一緒に作って、一緒に届ける」をリアルに体験しながら進めています。

　こう考えると、絵本作りひとつとっても本当にさまざまな作り方をしています。ニジノ絵本屋の絵本作りは決まった形がなく、「なぜだか不思議とこうなっていった」というような感じから生まれることが多いのです。

　ちなみに、ガッキーはもともとシステムエンジニアでWEBデザイナーでした。彼女は絵本作家として絵本を作りながら、ニジノ絵本屋の出版部の一員として、編集者、ブックデザイナー、イラストレーターとしても活躍していく予定です。自分のやりたいこと、叶えたいことの土壌を一緒に育んでいく心強いスタッフです。

チームで作る絵本

「これだけ周りに有名な絵本作家さんがいたら、絵本もどんどん作れるんじゃないの？」

と、よく言われます。

ニジノ絵本屋の周りには本当にたくさんの絵本作家さんたちがいらっしゃいます。ですが、絵本屋だから関われる形があると思っています。

一緒に作らなくても、「届ける」ことを担当することができます。どのように一緒に「絵本のコト」をするのかはそれぞれ異なるので、絵本作家さんとだからと言って、必ずしも絵本を作るだけではない形が絵本屋にはあると思っています。

私の中での「作り手」さんとは、著者さんだけでなく、版元さん、デザイナーさん、編集さんもみんな含めた人たち。絵本はチームで作るものなのでみんなが作り手です。

そんなふうにたまたま出会って、大好きになった作り手さんたちと、絵本を作ったり、届けたりしているのが、ニジノ絵本屋のスタイルとなっています。

対談 作家×作家

作家にとって大切な存在

かげやましゅん
絵本作家。代表作に『こんにちは ぼくのともだち』がある。
テライシマナ
作家、アーティスト。『OHISAMA BOOK おひさまから届いた歌』は、構想から12年後に生まれた物語。

ほぼ閃きで生きてるんじゃない？

マナ　私はね、共通のお友だちを介してあやさんに出会ったの。お友だちがあやさんに「友だちが描いた絵本が素敵なの」って紹介してくれたようで、私には、「マナちゃんぜひお会いして。すごい素敵な絵本屋さんと知り合ったの」って。インスピレーションがあって、お店にうかがったのがはじまり。それで、行った先のお店が黄色でかわいくって、置かれてた絵本は宝石みたいにキラキラして見えて、そこに、あやさんがいましたね。

かげやま　僕はいつあやさんに出会ったのかちゃんと覚えてないなぁ。絵本を作りたいと思ったときに、あやさんがはらぺこめがねさんの絵本を作っているのを知ってたから、聞いてみようと思ってお店に行って。それまでに挨拶くらいはしたことがあったけど、「久し振りですね」って、そのとき初めてちゃんと話したんだと思う。

マナ　あやさんの第一印象は、「かわいい！」「知的！」「ファンタジック！！！」（笑）。

かげやま　僕はきちんと話したのが打ち合わせだったから、割と「ちゃっちゃっ」としてる人だった。「これやりましょう、あれやりましょう！」って。僕が2しゃべったら10提案が返ってくるみたいな（笑）。スピード感があって物量がどーんとくる。それは今も思うから、パワフルな人っていうことかな。提案を投げつけてる感じなのよ。僕は「このお団子が食べたいんです」って言ってるんだけど、マカロンとかチョコボールとか丸いもの全部投げられて、「いやそれじゃないんだけどなぁ」ってなるのに、逆に自分のやりたいことが見えてくる。

マナ　いい意味のトラップですね。

かげやま　「これも！　これも！　これも！」ってすごいくるから、結果的に、僕やっぱりお団子が食べたかったんだ、って。でもちょっとマカロンぽい色味のお団子でもいいかもってことかな。とにかくトリッキーなんだろうね。僕のなかであやさんは不思議でパワフル。あと、フィーリングとか閃き。あやさんは閃きでほぼ生きてる感じがする。

マナ　そうですね。でも、それを裏付けるような夜の時間のシンキングタイムの姿なんかを見ると、シャンとされててかっこいいなって思います。

みんなを迎えるニジノあや空港

マナ　あやさんとはイタリアと台湾の遠征に一緒に行ったことがあって、行った先でアポなしで営業することもありました。行きあたりばったりかつ無鉄砲。ですが、みんなの夢を背負っていく旅ですし、パッションはすごく燃えていて、その時々の同行メンバーのおかげもあり、ミラノと台湾で少しお取り扱いいただけたこともスペシャルな思い出です。

かげやま　飛び込み営業は誰がやるの？　お店の情報は誰かに教えてもらうの？

ホッ
ルイボスティー
ホッとするじかんはかならずつくる。

英語はマナさんが？

マナ　私か話せる誰かがって感じですかね、身振り手振り感がすごいけど。事前に調べて行くこともあるし現地で情報が寄せられてくる場合もありますね。あそこにも本屋さんがあるよと教えてもらったり。

かげやま　すごいな。普通の旅行じゃないから、商売というか営業的なお話をしないといけないし。

マナ　私の本はあやさんが話をしてくれて、私はニジノ絵本屋レーベルやファミリー絵本のお話をする感じなの。どの作品も本当にいい絵本だと思っていて、本当に好きだと説明できるから、そんなふうに海外でもお話をします。

かげやま　それはほんとすごい。作家は自分の作品を自分で売り込むというのはけっこうストレスというか。主観で相手に自分のものをすすめるって、僕は苦手で。

マナ　おしつけがましく渡すようには感じさせたくないですよね。

かげやま　第三者の誰かが介在して、「これってすごくいい本なんです」って言うと、「へえそうなんですね」ってなる気がする。だから僕にとってニジノ絵本屋さんは必要です！　それが言いたいんだけど、海外でやるってすごいなって思います。

マナ　ともかく現地でトライして思ったのは、私たちの絵本は日本語と英語表記があるじゃない？　英語表記を入れてあるから、ちょっとでもお取り扱いいただける可能性も広がるし、異なる文化の国の人と絵本を介してつながれるっていうことが、私もあやさんもすごくうれしいことでした。

かげやま　やっぱり英語を入れるっていうのは良かったですよね。お互いにね。

マナ　そうですね。

かげやま　文字量が増えて編集が大変で、どっちかの言語にしたほうがいいかなって思ったけど、僕がアラビア文字の絵本をもらっても、読めないからね。でも英語であれば読んでみようかなってなるし。

マナ　英語はやっぱり範囲は広いですね。世界の何十%かの人にも読めるものになりますよね。日本語と英語表記、どちらもあるのっていいよね。絵本で叶うボーダレスな表現方法だと思うので、この表現方法は私は好きです。

かげやま　ニジノ絵本屋の存在は作家にとってありがたいよね。作家本人が世の中に自分の絵本を出していくことには、限界というか自分の気持ち的にもすすんでやれない部分があるけど、ニジノ絵本屋があるからこうやって自分の絵本が広がるし、ほかのコミュニティーのイベントの話が絵本屋を通じて入ってきたりするので、なんか空港的な感じがあると思う。

マナ　空港？　アヤフォースワンが飛ぶみたいな。

かげやま　なんだろう、違うかな？

マナ　往ったきりになったりして（笑）？

かげやま　そうだね、往ったきりだね。

マナ　瞬発力すごそう。アヤフォースワン。でも空港っていいですね。

かげやま　「夜のみちしるべ、灯台、暗中模索。明かりがある！　あの空港に降り立とう！」うーん、そこから、うまく言おうとしたけどふわふわしてるなぁ。

マナ　かげやまさんの比喩がすごく好き。

かげやま　でも結局まとまってないから（笑）。まぁ、あや空港に行けばいろんな方面に飛び立たせてくれるということかな。

マナ　それも素敵な表現ですね！　私にとってニジノ絵本屋さんはかけがえのない存在。お仕事だけじゃなくてふだんの生活のなかでも、ご飯を一緒に食べたり自然に仲良くなって、家族みたいな存在なの。それと私にとっては愛するものがインスピレーションをもたらしてくれる存在だから、ニジノ絵本屋さんのみんながインスピレーションの源でもあるし、ニジノ絵本屋さんにはお店にも出版の部分にも、創造的なことをするためのいい余白がたくさんあって、それがユニークでいいと思うから大好きです。

大事なのはパッション！

かげやま　あやさんと言えば、僕はリコーダー事件が記憶に新しいな。

マナ　なにそれ？

かげやま　ニジノ絵本屋キャラバンで僕がステージで読むことになったイベントがあったんだけど。打ち合わせをしたら、歌も歌いたいとか言い出して、僕は歌えないけどあやさんは歌えるのかと思いきや、歌えない（笑）。そのまま当日を迎えて、あやさんは「歌いたい！　歌おう歌おう！」って全然歌えないのに言ってるの。「そうだ、私は今日リコーダーも吹くよ」とまで言い出した。だけどリハで全然吹けてなくてね。で、本番を迎えたんです。どうせ僕たちが歌っても下手だから、下手を頑張るより、子どもにも参加してもらってみんなで歌えばそんなに下手さが際立たないんじゃないかってメンバーで決めたの。じゃあ次の2小節目から子どもたちと一緒に歌いますよっていう節目のところになったのにずっと間奏で「おかしいな、あれあれ？」って見たら、あやさんがリコーダー吹いてたの。「なんでここで？」ってライ

ラブを感じずにはいられない

ブ後に聞いたら、やるべきリコーダーの部分で吹けなかったから、「ごめんちょっともう1小節間奏を伸ばして！」ってライブ中にコソコソ言ってたらしい。じゃあちゃんとリコーダーがマイクを通してみんなに聞こえるようにやってくれたら僕も気づけたんだけど、全然音が出てないのよ（笑）。僕は当初の打ち合わせ通り子どもに「よし歌うよ！　はい！」って歌ったもんだから、事故、大事故。か細いリコーダー音と大合唱。もうグダグダになって。それは本当に伝説になったよ。僕はそのときにあらためて、あやさんは閃きと自分のパッションを大事にする人なんだなって思いました（笑）。

マナ　やさしーかげやまん！

かげやま　んー優しいというより、合わせるしかなかったなぁ（笑）。だって本番にトライする人いないでしょ？　僕もテンパったからそこにいた子どもたちにも伝わっちゃって。子どもも頑張って歌ってくれてたのにねぇ（笑）。でもこのエピソードにあやさんらしさが集約されてる。マナさんだったらそのタイミングでリコーダー吹く？

マナ　自分でやりたいって言ったことはやるかも。リコーダーをやりたいかはわかんないけど。

かげやま　しかも、吹くまでリコーダーのこと忘れてたらしいからね。そこからあやさんタイムのはじまりです。これ全部本番中の話（笑）。それでイベントが終わって主催の人に、「グダグダな展開になってすみませんでした」って言ったら「完璧すぎないから、笑いと馴染みやすさがあって、皆さん楽しんでいただけてましたよ」って。あやさんの行動ってなんでもいいほうに転じるんだって改めて思い知りました。

たくさんの仲間たちと
コラボレーションしているよ♪

3 音楽で一緒に作る人

えほんLIVEをしたり、絵本に歌をつけてみたり、ニジノ絵本屋は何かと音楽とも縁があります。虹祭の次に行ったえほんLIVEは2013年。当時、原宿のカフェで働いていた友人が、ピアニストの佐川文絵さんを紹介してくれたことがきっかけで、そのお店でえほんLIVEを開催しました。そのときの感動は今でも忘れられません。

自分が慣れ親しんでいた身近な絵本をプログラムにしていましたが、朗読に音楽が乗った瞬間、リハーサルの時点ですでに感動のあまりびっくりして、絵本の作家さん本人に連絡をしたほどでした。

もともと佐川さんはピアノの先生でありながら、絵本に音楽をつける「挿し音家」という活動もされていました。そのコラボレーションと言ったら！　本当に素敵な世界が広がりました。このライブをきっかけに、「絵本の読み聞かせ」が

2015年2016年はこのメンバーで
絵本ライブをたくさんやったよ
佐川さん
まえださん
あいちゃん

「えほんＬＩＶＥ」へと発展したのです。

それを境に、さまざまなミュージシャンの方と「絵本」と「音楽」でコラボレーションする機会に恵まれました。

人を介して出会ったり、イベントに来て声をかけてくださる方もいらっしゃいます。最初はどうなるかわからないけれど、「やってみよう」の気持ちではじめた小さなことが、少しずつ鎖がつながるように、今の形になりました。

私自身、音楽に詳しかったわけではないのですが、絵本を通して「音楽」と出会い、ようやく「絵本×音楽」が仕事になりつつあります。目指している形までもう少し。

現在は、絵本をテーマにしたＣＤアルバムを作ってみようとチャレンジ中です。自分の人生で「ＣＤを出したい」と思うような日が来るなんて想像もしてませんでした。

でも、今一緒にやっているメンバーと、やっていることを形にしようと思ったときに、また「楽しかったステージ」をお客さんに持ち帰ってもらえるようにし

The Worthless のメンバーたちとの
楽しいライブ♫

たいと考えると、CDという形にしてみるのは自然なことでもありました。

絵本を中心に、音楽で何ができるか。メンバーと、その都度その都度話し合いながら、絵本を体験できる最高のエンターテインメントをこれからも追求し続けたいです。一緒に追求できる仲間がいることが何よりも恵まれたことだと日々感じています。

絵本があるから形にしていける最高のお仕事だと思っています。

4

本屋さんとの出会い

ニジノ絵本屋が「本屋さん」と出会うシチュエーションは、だいたいが営業に行ったときです。

「ニジノ絵本屋の絵本を取り扱ってください！」

突撃営業だったり、誰かに紹介してもらったり。本屋さんと出会うときの絵本屋は「出版社」の立場。でも「本屋」という立場では同業の後輩でもあります。

私からすると、出会う本屋さんはみんな本屋さんの大先輩です。そんな大先輩の本屋さんがニジノ絵本屋の店舗に遊びに来てくださることもあります。本当にありがたいことです。

2017年に路面店へ引っ越したさいには、諸先輩方に店内レイアウトなどについて、さまざまなアドバイスをいただきました。

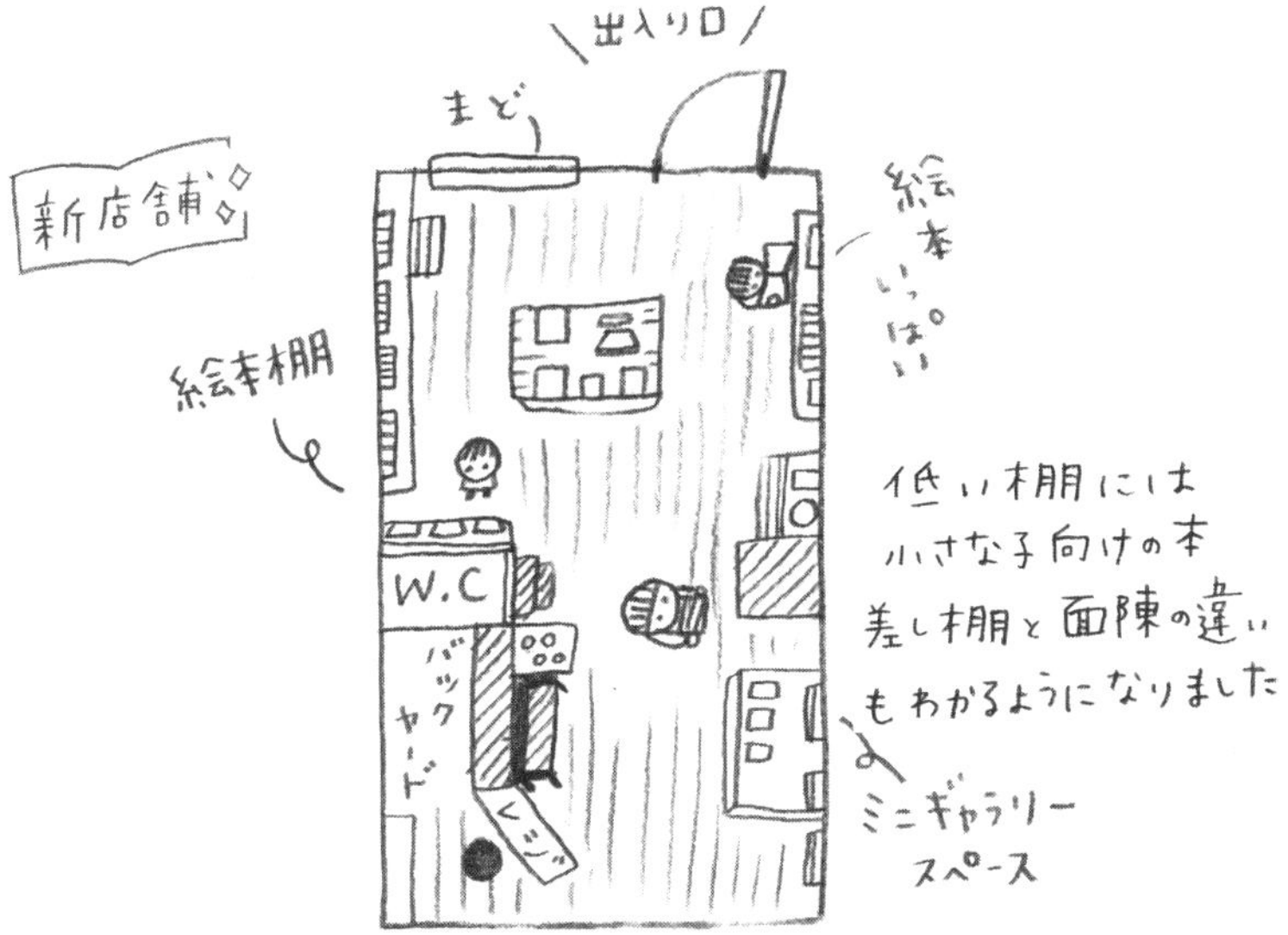
出入り口
まど
新店舗
絵本いっぱい
絵本棚
W.C
バックヤード
レジ
低い棚には
小さな子向けの本
差し棚と面陳の違い
もわかるようになりました
ミニギャラリー
スペース

1・5坪のお店だったときは、すべての絵本が面陳されていたので、迷うことなく絵本を並べていましたが、7坪のお店となるとすべてを面陳で見せるのではなく、「差し」用の棚も作らないといけないというのは、先輩方のお話を聞いてわかったことでした。

目標売上額に対しての在庫金額を考えると、面陳だけでは十分な売り上げが見込めないと気づいたのです。

このことは、実際に路面店でオープンしたあとに「なるほど、なるほど」と、思いました。

場所柄か短いスパンで来店してくださる常連さんが多く、そのお客様が毎回新鮮な気持ちになっていただけるように、毎月の発注回数などを考えて、面陳と棚差しのバランスはとても重要だと思いました。

もちろん絵本屋としては、「絵本の表紙面を見せたい」という気持ちが強くあります。それくらい表紙には力があります。

でも、それだけではダメだというアドバイスをたくさんいただいたから、気づ

くことができました。

平積みのアドバイスもいただきました。

店内のお客様の導線を考えた絵本の配置について、現段階でも試行錯誤ではありますが、本屋さんの大先輩が身近にいるという恵まれた環境なので、いろいろ技を磨きつつお店作りをしていきたいと思っています。

そしてそんな先輩方と、私は「出版社」の立場でまた違った楽しい関係を築くことができています。

というのも、絵本を仕入れてくださっている本屋さんは大切な取引先さんです。その取引先さんを会場に、出張イベントなど「絵本にまつわる楽しいこと」をどんどん提案して、「ニジノ絵本屋」だからできる関わり合い方をしています。

その地方に行くことが決まったら、まず知り合い（取引先）の本屋さんにすぐ連絡！　ご挨拶に立ち寄るのはもちろんのこと、

「せっかく行くので一緒に何かしませんか!?」

と提案してみます。

いろいろな事情が重なり実現しない場合もありますが、たとえば、絵本の読み聞かせイベント、工作ワークショップ、大人向けのトークイベントなどなど、訪問先の本屋さんでできそうなことを話し合って、イベントを形にしていきます。

そして私は、本屋さんスタッフの方をはじめ、日頃会うことのできないその本屋さんの常連さん、地域の人たちと出会うことができます。

本屋さんはすでにそこにあるみんながつどえる「場」です。そこで、私にできることを一緒にやっていけたら〝うれしい〟が増えると思いました。

うれしいのは、本屋さんでイベントを行い、そのさいに物販をすることで本屋さんの売上が立つこと。ニジノ絵本屋の絵本も卸しているので、絵本が売れればそれはそれで双方がうれしいわけです。そして、さらにうれしいのは、そこで出会ったお客様が、東京に来るタイミングで、ニジノ絵本屋のお店に来てくださることです。

「旅行に来たので寄りました」

「出張が重なったので来ました」

そこかしこに
本がつまれて
いたよ
本の物流センターを見学したよー

などのお声をいただくと、どんなに遠くても会いに行く、その場でしかできない時間を共有する機会は積極的に作っていきたいと思うのです。

もしかしたら、本屋対本屋だけの関係性であれば成り立ちにくいことかもしれませんが、ニジノ絵本屋は、出版社の立場、イベント屋の立場で関わり合うことができるので、こんなにうれしいことはありません。

「もし私が、ここの人たちと何かをするなら、何ができるかな?」

いつもそんなふうに考えています。

一番の目的は、「この本屋さんと何かがしたい!」なので、一緒にベストな関わり方を相談して決めることができてしまうのです。

熊本チャリティイベント

2016年9月、日本最大級の絵本の通販サイトである絵本ナビさんへ会社見学にうかがいました。メンバーは、絵本作家さん、

絵本編集者さん、カメラマンさんたち。

当時の私は、業界のことをよく知らなかったので、出版の物流倉庫や製本工場へ見学に行くのがマイブームでした。「みみたんが勤めている絵本ナビさんに行ってみたい！」と言ったことから参加者を募り、早速絵本ナビの社長さんにメールをして見学の了解を得てうかがったのでした。

そして、見学後のお酒の席での出来事です。

tupera tuperaの亀山達矢さんが、夏に熊本の阿蘇に行った話をされました。春に大きな地震があったことを受けて、現地でチャリティ活動をしてこられたのです。年明けにまた熊本に行くとおっしゃいました。

私はそれまでチャリティ的な活動をしたことがなかったのですが、亀山さんのお話を聞きながら、「自分にも何かできることがあるのかなあ」と、漠然と考えていました。

すると、そのとき一緒にいた編集者さんが、

「ニジノ絵本屋こそ、絵本のステージとかしてるんだから行ったら喜ばれるよ」

と、言ってくれたのです。

tupera tupera
の
亀山達矢さん
一緒に行きたいです!!

「そうか！　私にもできることがあるのかもしれない！」

そう思うやいなや、みみたんとその場で翌年の熊本行きを相談し、亀山さんに「一緒に行きたいです！」と、申し出ていました。

そこから、亀山さんを中心に熊本でのチャリティイベント開催に向けた企画がスタートしました。私にとって人生初の九州でもありました。

「絵本でみんなと笑顔になりたい！」という気持ちで、２０１７年１月、「ツペラとニジとおむすびのぜいたくトゥナイト」というタイトルのチャリティイベントを熊本にある長崎書店さんにて開催しました。

イベントの収益から３万５００円を義援金として振り込んでから東京に戻りました。

そして、それから１年後の２０１８年１月、再び長崎書店さんでチャリティイベントを開催することになりました。今度のテーマは「絵本と音楽会」で、熊本在住のミュージシャンの方と一緒に絵本のステージを行いました。

小さなことかもしれませんが、ＳＮＳなどでニジノ絵本屋を知ってくださっ

みみたんの
パフォーマンスは
キレッキレッ
しろくまのパンツの読みきかせに
あわせてパフォーマンスしました

た方にも参加してもらえて、「はじめまして」のご挨拶が直接できるのです。全国の人と直接会える場所を絵本で作っていけることが何よりうれしく感じています。

遠くへ行くにはお金も時間もかかりますが、やはり、直接会える場所、機会をどんどん作って、活動を続けていきたいと思いました。

告知を出すと「神戸にも来てください」「東海地方にも来てください」「岡山にも来てください」などなどいろんなところに住む人からコメントやメッセージをいただきます。

そのたびに、「会いに行けるように形にしていくぞ！」と、ますます気合が入るのでした。

ゲストコラム⑥

あやさんとの絆

瀬戸口あゆみ（株式会社絵本ナビ勤務・ショップ店長、絵本専門士）

もともと雑誌を見てニジノ絵本屋の存在は何となく知っていた。2015年5月「せんだいがやタウンマーケット」でたまたま見た絵本ライブが楽しくて、さらに気になる存在に。後日絵本屋へ行ったときにいしいあやと出会い、初対面なのに絵本屋スタッフのランチタイムに混ぜてくれて、誰とでもすぐに仲良くなれる優しい人だと思った。オーナーなので一目置いていたが、その後すぐにイメージが変わることは言うまでもない……。これはそんなあやさんとのエピソード。

「みみたん、あたい、もうダメかもしれない」

「あやさん、大丈夫です。ダメなのはいつも通りです」

これは、会うたびのお決まりの会話だ。あやさんは高頻度で「もうダメ状態」に陥る。放っておいても大抵きちんと乗り越えている

すぐに弱音をはくが
切り換えがはやい。
もうダメかもしれん…
どーしよー
たべてげんきだそう!!

ので、いちいち心配はしないことにしている。ただ一度だけ、そんな私も「大丈夫です」と言えなかった出来事がある。

2016年の夏のこと。私たちは埼玉県飯能市のとあるイベント会場で、遭難をしかけた。ちょっと大げさな言い方かもしれないが、2人にとって一大事件だった。結論から言うと、イベント本会場から徒歩10分の場所にある別会場へ行こうとしたところ、会場スタッフに次から次へと誤った道案内をされ、目的地とは逆方向の山道を40分も登り続けたのだ。

まず大前提にあやさんは歩くのが大の苦手で、駅の階段さえも上りたがらない。山道なんて最悪である。それなのに、歩けど歩けど現れるのは木々ばかり。緩やかなカーブを何度も曲がり、やっと人がいるところにたどり着いたと思ったら、そこはイベント関係者の車両出入口。私はすがる気持ちで、そこにいたスタッフに尋ねた。

「別会場に行きたいのですが、本当にこの道であっていますか?」

「いやー、わかりません」

一蹴されてしまった。すると疲れ果ててずっと黙っていたあやさんが、すかさず口を開いた。

「私たちもうすぐはじまるパントマイムが見たいんです！　パフォーマーとは家族みたいなものなんです！　山道をずっと登ってきて本当に大変だったんです！　どうにかここから入れてもらえませんか!?」

相槌を打つタイミングさえないほどの早口で、よくわからない無茶なことを怒りに任せて言い放った。圧倒されたスタッフはこれ以上関わりたくないと思ったのだろう。さらに山を登るよういい加減な指示をし、私たちは半信半疑で再び歩きはじめた。

少し登ったところで、あやさんは体力の限界を迎えた。

「みみたん、あたい、ヒッチハイクするわ」

そう言って親指を立てて仁王立

ちし、車が通るのを待ちはじめた。2台ほど車は通ったが、停まってなんかくれない。見たかったパフォーマンスの開演まであと5分。もう諦めて無事に帰ることだけ考えよう……そんなことを思ったとき、なんと、タクシーが走ってきたのが見えた！　2人で最後の体力を振り絞って必死にアピールし、無事に乗車することができた。運転手に行き先を告げると、

「何でこんなところにいるのですか？　まったくの逆方向ですけど」

　開いた口がふさがらないとは、こういうシーンで使うのだろう。ともあれ本当に助かった。見慣れないタクシーの運転手さん、あれはたぬきが化けて助けてくれたのではないかと、今でもあやさんと本気で思っている。

　そんなこんなで、命の危険を乗り越えた2人はより絆を深め、たまにこんな会話もするようになった。

「一緒にいると良いことがありがちだから、頑張って生きていきましょう！」

「そやな。一緒にいるのがいいと思うにゃ」

5 出版社さんとの出会い

ニジノ絵本屋は「出版社」という立場で出版社さんが出店するイベントに並ばせていただくときもあれば、「本屋」として出版社さんから直接絵本を仕入れることがあります。だから出版社さんから見たら、ニジノ絵本屋は卸し先になります。お客さんでもありながら同業他社でもあるのです。

不思議な関係ですが、周りの諸先輩方から、叱咤激励を受けながら、日々勉強しています。恵まれていることに、わからないことを聞くことができる先輩がたくさんいます。

聞いたアドバイスをその通りにするばかりではなく、いろいろなご意見や周りを知ることで、そのうえで自分はどうするべきかを考える機会をたくさんいただきました。

もうヤダ
もうダメ
もうムリ…
くもの糸
お金のことよくわからないい

私は、出版社に勤めた経験がないので、いわゆる出版社さんのお仕事が想像できないのですが、周りに聞けば、専門用語や流通の仕組みなどを教えてもらえるのです。

絵本を作るときのお金の仕組みが一番理解できずに大変でしたが、先輩から出版にまつわる原価計算の方法など教えていただき、今までの自分の価格設定ではビジネスとして継続できる仕組みになっていなかったことに気づくこともできました。

お金のことは他人には聞きにくいのですが、「わからないことがあったら聞いていいよ」と言われたときには、迷わずに、教えていただくようにしています。

これは、ニジノ絵本屋だからできる出版社さんとのおつきあいの形なのではないか？　それを生かしていけば、もっともっと、一緒にやれることがあるはずだと、思うのです。

6 働く仲間

雇われる側から雇う側へ

私はもともと人事の仕事をしていたので、「雇用」に関してはそれなりに身近に感じていました。

面接をしたり、働き方について相談に乗ったり、退職の手続きをしたり。いわゆる中間管理職だったため、自分が面接して採用した人が退職していくときも、寂しいと思いつつ事務的に処理をしていました。

退職しても雇用保険があるから失業保険がもらえるし、育休が取れる……という職場環境が当たり前でした。

私自身、若いときからたくさんのアルバイトをしてきたので、雇ってもらっても条件に合わなくなれば辞めて、次を探す。送り出されたり、送り出したり、人生のなかでそれらを繰り返してきて今があります。

そんな私がニジノ絵本屋では「人を雇う側」になりました。

ずっと一緒にやっていきたいと思っているスタッフでも、それぞれのライフステージ合わせて、絵本屋を卒業せざるを得ないシチュエーションに直面します。

せめて絵本屋で働いていたことが、卒業していくスタッフの今後の人生において誇れることであってほしい、それが私の願いです。

だけど全部ひっくるめて絵本屋を作っている私たち次第。仲間を誇る気持ちが先につながると思っていて、「お互いにそうなるように頑張っていこうね」と、みんなに伝えています。

“トントン”からの脱出に向けて

「私、絵本屋でやっていく！」

そう決めたときの具体的な目標が、「自分も含めて絵本に関わるみんなが絵本の仕事で食べていけるようにする」というものでした。

ただ、じつを言うと、当初はダブルワークをしていたため、絵本屋から私の給料は出ていなかったのです。

その代わり、最初からアルバイトを雇っていたので利益は人件費や仕入れで消えてトントンのような経営状態です。

この中途半端な状況こそが、トントンから脱却できずにいる理由に違いない！

あるとき、そう思いました。

今までニジノ絵本屋で雇うスタッフがアルバイトで良かったのは、ほとんどの人が大学生や、掛け持ちバイトのひとつとして絵本屋で働いていたからです。

絵本屋の営業時間が短かったこともあり、もっと絵本屋の仕事をしたいと思ってもらっても、不可能でした。

私（雇用側）としても、働いているスタッフの都合に合わせるやり方をしていました。スタッフにヒアリングして、スタッフがやれる範囲のことをお願いする感じです。

スタッフが「この曜日のこの時間しか働けなくなった」となれば、お店の営業日や営業時間を変更して対応していたときもあったほどです。スタッフが働きやすい環境でなければ、お店は続けられないと思っていたからです。

でも、路面店に移転したことでその考え方では続けていけないと考えるようになりました。出版の仕事、イベントの仕事、それらをすべて全力で行って、各事業として成り立たせるために、私のパートナーとなるような人と働きたいと思いました。

役割分担

ニジノ絵本屋は、正直なところ「絵本のことを知らない」「作家さんのことを知らない」「本屋のことを知らない」「出版のことを知らない」の、知らない尽くし

みんないるんだよー
1人でがんばらないでね

のスタートだったのはこれまで書いてきた通りです。そんな私を見兼ねたたくさんの人たちから、あらゆる場面でさまざまなアドバイスをいただきます。

「そういうときはこういうものを利用したらいいよ」

「もっとこうしたほうがいいんじゃない？」

「仕方ないな。じゃあ誰か紹介するよ」

「こんなイベントがあるけど、一緒にやる？」

本当にいつも場面場面で、助けてくださる人が周りにいて、日々感謝しかありません。

私はデザインソフトを使いこなせるわけでも事務能力が高いわけでもなく、くわえて整理整頓も下手！　にもかかわらず、じつは自分から誰かに何かをお願いしたり、頼ったりするのがとても苦手。だからつい自分で何もかもやろうとして、最終的に上手くいかないという事態が発生します。土壇場になって周りに迷惑をかけること数知れず……。人に頼ること＝甘え＝怠慢＝サボりという図式が自分のなかにあったのです。会社員としての仕事をしているときはそれでも問題なくできていたように思います。

でも、いざ自分が絵本屋を経営しようと思うと、自分でやることの限界にぶつかってしまいました。

いろんな人に助け船を出していただくようになって、最近ようやく、

「人に頼っていいんだ！」

と前向きに思えるようになってきた感じです。むしろ、「１人じゃ何もできない」ことに改めて気がつきました。

だから最近は、「人にはその人に向いた役割がある」と考えて、私は私にできることをしようと思うようになりました。

まずは自分で頑張ってみるというのは本当に大切な精神だと思います。でも、その「結果につながらない頑張り」をしたところで、たまたまうまくいっても（精度は低いだろうから）自己満足で、失敗したら周りに迷惑をかけるわけです。

自分の限られた能力と限られた時間をどう使うか。適材適所で誰に動いてもらうか。そのジャッジをするのが私自身。仕事をうまく回していくためのコツがようやく見えてきたこの頃です。

そしていつかは、自分がもっともっと頼りがいのある人間になって、みんな

のハッピー実現のお手伝いができればと思うのです。

7 人との出会い

私は行ったことのないところに行くのが好きです。私の知らない、何か楽しいことがあるかもしれないと思うから。とくに「今しかないだろうな」というお誘いには行くようにしています。

たとえば出張先で夜11時半頃に「近くに来てるんだったら出てこない?」と連絡をもらったことがありました。

疲れているし、もう遅いしどうしようかな……と思いつつも、めったに来られない地域だし、ちょっと無理をしてでも行ってみようと思って出かけました。

そうしたら、そこで出会った人がたまたま、知り合いの知り合いだった、ということがありました。そこからさらに、その先の人とつながり、仕事へとつながっ

たこともあります。

直感を信じて、外に出ることで、普通に過ごしているだけでは流れていってしまうような出会いがあります。

私の人とのつながり具合は本当にびっくりするつながりばかりです。「たまたま」と「偶然」で毎日が成り立っていると言っても過言ではないほどです。

ただ、私と同じタイミングでその場に居合わせても、そのままスルーしていく人もいるのです。その人にとってはこの「たまたま」と「偶然」の出来事は起こっていないのと同じだと思うのです。

その感覚からすると、ちゃんと目を開けて、目の前のことを見ていれば大体同じ確率で私たちは、「たまたま」も「偶然」も身近で起こっていると思うようになりました。

そういったことをひっくるめて、いつも「たまたま」「偶然」、いろいろな人に出会っているように思います。

何をするかより、誰とするか

私の場合のお話です。いつもいつも思うのは「これがしたい」ではなく「あなたとしたい」なのです。

いつも考えているのは「この人となら、私は何ができるかな？　役に立てるかな？」ということ。

大したスキルがあるわけではないのに、なぜだろうと考えたことがあります。すぐに自覚したのは、「私にはできることがない、得意なことがない」から、「できることを探してやろう」と、なっているのだということです。

物理的にできないことは多くありますが、じつは「あなたと何ができるだろう」と、考えたときにできることはけっこうあるのだと気がつきました。

資格を要すること、専門的な技術が必要なことはもちろんできません。楽器も演奏できないし、身体的能力も平均以下だと思うので、本当に限られたなかでの自分のできることを、やったことがないからではなく、とにかく「やってみよう」で毎日が形成されています。

そうすることで、新しいことが見つけられます。

素敵な出会いがあります。
大きな気づきがあります。

そう思って行動しています。失敗と反省の回数もかさみますが、相手を見失わなければ、取り返しのつかないことにはならないと思うのです。

経験から学ぶことは大切ですが、だからといって経験を物差しにしすぎないようにしています。きっと、前例を参考にしていると大きく前に踏み出せないような気がしています。

でも人間ですから、穴が空いていたら落ちないようにするとか、ここを触ったら火傷するとか、そういうことはちゃんと学んで生きていますが、「やったことがないから」を理由に行動を起こさないということはできるだけないようにしています。

でも知ったかぶりは嫌なので、「やったことないけどやってみます」とか、必要に応じてちゃんと経験がないことは事前申告するようにしています。

だからなのか、絵本屋の周りには本当にさまざまな人がたくさんいると、感謝の毎日です。絵本を介してありとあらゆる人と、楽しいことを共有したいと思っています。

きっと目の前の人は、自分と触れ合ったときに、ワクワクするような出来事が起こる可能性を秘めていることのほうが多いと思います。

この人と何かしたい！　それは何だろう！

だから、今、あなたと何ができるかなといつも考えています。

対談

元店長×現店長

ニジノ絵本屋の仕事

元店長（もろたゆき）
２０１６年６月から２０１７年２月まで看護学校受験のための予備校に通いながら、店長として勤務。
現店長（のいかおり）
島根県出身。イベント活動を通じて著者と知り合い、２代目店長としてスカウトされる。２０１７年６月から店長として勤務。

狭くてもゆっくりしてもらえるお店に

現店長　お店を引っ越して広くなったけど、前の店舗は本当に狭かったから工夫が必要だったでしょ？

元店長　来たお客さんがみんなびっくりする広さだったよ。大人のお客さん２人までが限界。さらに私がいるとすごい圧迫感があって、お互いの距離が近すぎた。だから、まずお客さんにゆっくりしてもらえる空間を作らなきゃと思って、レジをお店の外に出して。昼間は小児科に来る子どもたちのために椅子を置いて座れるようにして、たまには絵本を読んであげたり、夕方になったら照明を暗くして大人の空間にしてみたり……。当時は仕入れも頻繁にしてなかったから、毎日、お客さんが最初に目にする場所の本を変えたりして、いろんな本屋さんのいいところを参考にしたかな。ここに絵本屋があることもとてもわかりづらくて、「こんなところに絵本屋さんがあるよ！」っていうお客さんがほとんどだった。

現店長　営業日も少なかったんだよね？

元店長　同じフロアのお店に合わせて水木定休プラス、土日のイベント出店で臨時休業も。営業時間は平日が午後1時から7時までで、土日が10時から6時まで。午前中のほうが子連れのお母さんたちは動きやすかったはずなんだけれど、最後までターゲット層を絞った運営ができなかった気がする。模索しながらの運営だったけど、びっくりするくらい小さなお店はそれなりの人気はあったと思う。お客様から「秘密基地みたいだね」って言われたことがあって、「ステキ」って思った。とにかくいろんな人が来てくれて、たくさん異業種の人とつながっていった。そこで知り合った人は今でもお付き合いを続けていて、あそこはニジノ絵本屋の原点で、残しておきたかったなって思うくらい。

現店長　残しておきたかったのね！　今のお店にも作家さんがよく来てくれるから、「うわあ！」って感動する瞬間も多い。私が今取り組んでいるのが、小さいお子さんの読む絵本はなるべく低い棚に置いて、自分で取ってもらえるように配置しているところ。真ん中にテーブルがあるけど、ベビーカーや車椅子の人も来てくださるので、もうちょっと通路を広げて入ってもらいやすいようにしてる。あとお客様にはゆっくりしてもらいたいので、スツールに座ってもらったり荷物を置いてもらったり。のんびりできるようにしています。

元店長　やっぱりのんびりしてもらいたいよね。

現店長　時間のない人は時間がないなりに、「これがほしい」って言ってもらいやすいようにしてる。

元店長　目的があって買うものが決まってる人もいるけれど、ふらっと来た人にはゆっくり見て行ってほしいよね。

絵本は人をつなぐツール

元店長　引っ越して広くなったけれど、黄色い壁は残したんだよね。あと、棚も。あれが引き継がれて今は絵本作家の絵本棚になっていることに感激したよ。今は狭すぎず広すぎずちょうどいい広さで、読み聞かせのイベントや個展もできるし。路面店というのが大きいよね。本当にいい店舗がすごいタイミングで見つかって良かったなって。ほんとに社長は運を味方につけてるな、全部引き寄せているなって思う。以前の店舗も、今回も。

現店長　どういうこと？

元店長　前のお店を閉めることが決まってから、新しい店舗を探してたけど全然見つからなくて、「どうする？　もうお店できないね」って諦めてた年の瀬に社長の知り合いが急に現れて、何の相談かと思ったら、「お店やらない？」って。あそこで。

現店長　えーすごい。

元店長　ほんとに全然見つからなくて。最終的に事務所でお店をやろうかと言ってたところにきた話だったから、社長の強運にほんっとにびっくりして、このときに「これからもきっと絶対大丈夫なんだ！」って確信した！

現店長　このお店は、来てくれる人みんなが「かわいい」って言ってくれるから私もすごくうれしい。

元店長　絵本屋に来て半年くらいになるけど、働いてみてどう？

現店長　お客さんとのおしゃべりが楽しいかな。それから音楽イベントだったり、原画展だったり、イベントも楽しいし大好き。ワークショップをもっと増やしたいと思ってるの。

元店長　企画するのは好きなの？

現店長　うん。やることは増えるし、ふだんのやることができなくなっちゃうのは痛いけど、楽しさはなくしたくないかなー。

元店長　好きなんだね。私はイベントはけっこう大変だなって思ってた。絵本屋なのかイベント屋なのかわからなくなってくるくらいイベントが多いでしょう?

ニジノ絵本屋はただの絵本屋じゃないというか、「人と人」とか、「人と何か」をつないでいくためのツールとして絵本があるだけで、入り口がけっこう広い。絵本から入らなくても絵本にたどり着いたみたいな感じがあるよね。食べ物から入ったら絵本につながったとか。逆に絵本から入ったのに途中から音楽イベントに行っちゃったとか。

現店長　いろんな趣味が絵本につながるっていいね。

元店長　たまたま絵本なんだな、って感じてる。いい意味で、「絵本愛」がないというか、軽い(笑)。絵本に対して重くないというか。絵本屋さんだからきっと絵本が大好きな人がやってて、絵本に詳しい人がいて、っていうお店じゃない。絵本をまったく知らなくても、おもしろそうだから来てみたって人も多いと思う。普通は「絵本イコール子ども」みたいな感じになるけど、ニジノ絵本屋はとくに子どもを対象にしていないし、大人も子どもも男性でも女性でも絵本に興味がなくても、楽しいことをやってるから良かったら来てみてね、くらいの感じ。その軽さがね、すごいいい。

大変なのは社長の管理!?

元店長　でも、ニジノ絵本屋は本当に忙しいよね。「社長はなんていう仕事を持ってきたんだ!?」みたいに思うときもあるよ。いろんな方向からいろんな仕事を引っ張ってくるから。

現店長　うん。びっくりする!

元店長　うちの社長のスケジュール管理は本当にむずかしい。イベントがあまりにも多くて。

現店長　ほとんどイベント業だよね。何をやってもどこに行ってもイベントみたいになっちゃう。

元店長　だから毎日が驚きとミラクルとハプニングと奇想天外みたいな（笑）。刺激がいっぱいで。でも楽しいけどね。いろいろと自由だから、したいことは何でもやらせてくれるし。自分たちで何かを作ったり企画も持っていきやすいし。みんなで考えて大きくしていく感じ。きっと社長がふわっとしてるからだよね。でも結局、絵本屋の仕事で一番大変なことって、社長のスケジュール管理なのかな。あと、すぐにモノを失くすから、大事な書類とかの管理（笑）。

現店長　最初はしっかり私が管理しようと思ってすごい張り切ってたけど、大変すぎて管理しきれなかったよー（笑）。

元店長　それに、スケジュール詰め込み過ぎて、社長があまり寝てないことが心配。

現店長　そうそう。スケジュールが大変過ぎてこっちも目が回りそうになるし、社長のからだもすごく心配になる。倒れたりしないかなって。

元店長　たまに生きてるかどうか確認の電話をしたくなるの。大丈夫かなって、生存確認。けどＳＮＳ見て、「あ、無事だな」って（笑）。

現店長　そうだね、いつも「大丈夫！　なんとかなる！」って言って、なんとかなってるからね。

元店長　いつも大きな荷物持ってうろうろしてるから、そろそろ運転手つきのマネージャーが必要かも。

ある意味、社長は天才だと思う。それに尽きる。

現店長　ハイパー、スーパー、めちゃくちゃ。すごい。もう、すごいとしか言いようがないよね。ぜんぶの意味で。

元店長　周りに夢と希望を与えてくれる人でもある。「あーこんな人でもできるんだ」っていう(笑)。こんなはちゃめちゃでも社長になれるんだとか、こんな軽い感じでものごとを決めていいんだとか、あんまり真剣に人生を考えなくていいんだとか。「うん、やってみよう！」だけでやれるんだとか、根拠もなく動けるんだとか、そういう、自信はないけどとりあえずやってみてそれから考える。何とかなるだろう精神。そこに希望を感じる。

現店長　『ふしぎの国のアリス』のうさぎみたい。

元店長　あのうさぎさんはどこに向かってるんだろうって思うけど、目的がきっとあって、そこに向かってひたすら走ってる感じかな。本当に天才としか言えない。直感だけを信じて生きてる。

現店長　直感の女です。強運を持ってるんだよね。

元店長　社長の脳みその直感のところを広げて見たいもん、私。何か変な、一生懸命仕事してる直感の虫とか飼っていそう。ほんと、うちの社長は勘だけだからね。

あやさんは
きっとどこかで
まほうをつかって
いるんじゃないか
とおもう。
げんきになーれ!!!

第7章 絵本で生きていく

なつかしいなぁ。
今と昔ではものがたりの
感じ方がずいぶんちがうなぁ。

1 「絵本」の仕事

「絵本」と出会って、7年が過ぎました。普通の会社員が、絵本に出会ったことで世界が変わりました。もちろん幼い頃に普通に絵本には触れているので、仕事のパートナーとして再度出会ったと言うほうがいいかもしれません。

絵本の仕事をしていることで出会えた人がいたり、絵本を通じて訪れた場所があったりすることがあまりに多くて、そう考えると絵本ってすごいなと、感謝したり尊敬したり。

何度か絵本について、ニジノ絵本屋について、出版について、取材を受けていて、そういう場でお話をしているうちに、もともとぼんやりとしていた「絵本の魅力」というものが、私のなかで、しっかりと確かな形となって浮き上がってきたように思います。改めて、他人に聞かれることで、当たり前のように流れていたことが輪郭を持ちはじめるように感じました。

もっと、言葉にしていかないと、忙しさで流れていってしまうのだと思います。

私にとっての「絵本」は現在、生きてくうえでの相棒……？　他者へ何かを伝えるときに、つながりたいときに必要で、手元に置いておくと幸せになれる、大切な存在です。

ダブルワークの転換期について

世の中の会社の就業規則を見るとだいたいが「副業禁止」ではないのでしょうか？

今でこそ副業を認める企業もあると思います。実際に、絵本屋のお取引先さんの担当の方で、副業していることを公にしていて、ダブルワークを会社に認めてもらっていると聞いたこともあります。

スキルのあるデザイナーさん、エンジニアさんなどがそういう働き方しているのかなと、個人的には解釈していました。

本業の定義は、「雇用されているほう」「社会保険を持っているほう」「週の就労時間の割合が多いほう」などなど、この辺りが無難かと思います。

副業をやる前提に「本業に支障をきたさない」。これを頑張ると、無理する部分がかなり出てくると思います。

そんななか、私は5年あまりダブルワークの生活を送っていました。24歳から働いていた会社に勤めながらの状態で絵本屋をはじめたのです。

上司や同僚、部下へ「迷惑をかけず」「配慮しながら」を意識した生活が5年続いたときに、このままではずっとダラダラいってしまうと危機感を覚えて、絵本屋の仕事をメインに変えました。

それが、２０１６年のことです。

もしかしたら、副業をしている人で、私以外にもこう感じている人がいるかもしれません。

「いつか収入が本業と副業で逆転したら、副業を本業に切り替える」

だいたい、本業は「生活のため」「収入のため」堅実な職を選んでいる方が多く、

副業が「やりたい仕事」だったりするパターンが多いように感じます。
平日は本業、そして週末や休みの日に「やりたいこと」である副業をやる。

オンタイムは本業。

プライベートは副業。


そして、めでたく「本業と副業の収入が逆転」して、本業を晴れて卒業し、副業をメインに切り替える方もいらっしゃると思います。

私の場合は、絵本を出版した２０１２年のあたりからそれを意識しはじめました。

１０００冊の在庫を抱えるような出版事業に乗り出したので、どうにかうまくビジネスとして回せるようにできたらと考えていました。

ここでどうしようもないのが、漠然とした目標しか立てておらず、「資金繰り」「事業計画」「出版計画」というものが一切なかったことです。

今思い返すと、それでは本業の収入を逆転させることなんてできなかったは

ずだな……と、しみじみ思います。

出版不況、書店業界の不況とずっと言われ続けているなかでの「ニジノ絵本屋」だったので、周りは「やれるところまでやってみたら？」くらいの気持ちでしか見ていなかったと感じています。

もし、絵本屋が失敗しても、私は収入を得ている職場があったので、誰も危機感を持っていなかったのです。もちろん私を含めて。

頑張っているけど、休みがないし、体力的にちょっとしんどくなってきたかな、と思いはじめた頃、周りから、

「今の時代の中でいいことやってるよ。大変だと思うけどもう少しじゃない？」

「不景気と呼ばれる業界だからこそ、可能性があるかもしれないから！」

「せっかくここまで来たんだから、続けてほしいなー」

などという、「私、頑張る！」と、必然的になってしまうような、勇気付けられる

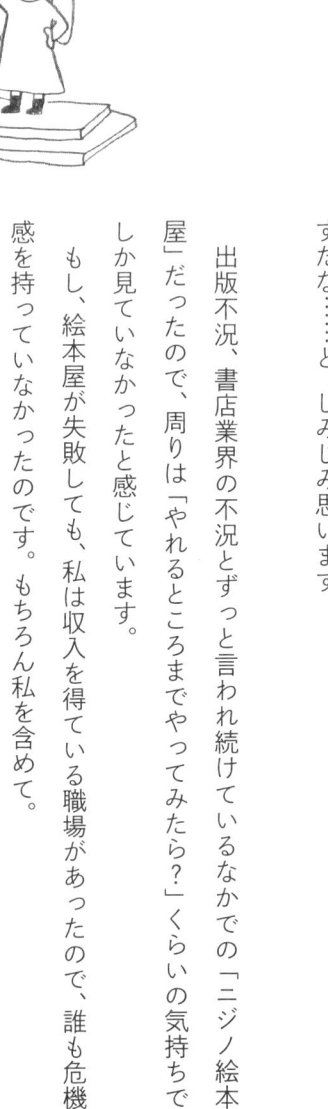

言葉をたくさんいただきました。

でも、このままじゃ嫌だ！

絵本屋の仕事をたたむほど失敗もしてないけど、本業を辞める動機になるほど売上もない、このどっちつかずの状況が本当に苦しくなりました。

2 「仕事」の値段？

よく「何をしている人ですか？」と、聞かれます。「出版関係」と答えると「出版社の方ですか？」と言われるし、「絵本を売ったり作ったりしています」というと「絵本作家さんですか？」と言われたりして、私は、ちょっとややこしい状態にあります。

そんななか、先日ある方から

「君は自分の動きに対してお金をとっているか?」

と、言われました。

世の中には、仕事をもらって、キャスティングをして、現場監督をやって、販売（流通）までを担うブッキングエージェントという仕事もあるのだとか。

「制作費とか売れた分とかだけじゃなく、君が動いている分のお金をちゃんともらわないといけないよ」

と、助言をいただきました。たしかに今までその部分の料金について考えていませんでした。

今までの感覚からすると「私が動けばお金がかからない」というのが、自分が動くうえでの考え方の底にこびりついていました。

「私がやるからいいよ」「自分でやれば経費削減」。まさにその通りなのですが、自分が作家や技術職でない分、感覚が追いついていませんでした。

でも、ニジノ絵本屋を株式会社にして、雇用している仲間がいるからこそ、自分で何かを組み立てるということも技術に入るのかな……と、考えるようになりました。

「私が動けば無料」だと考えることは、とても危険なことで、どんなに小さくても会社であり組織を運営している限り、自分の動きに価値を認めてもらえるように責任を持っていきたいし、心を強く持ちたいと思いました。

3 臨機応変、そして事後調整

ここまで書いてきたように、私の行動はいつも直感頼りです。「きっとこの人となら楽しくできる！」とか、「きついけど今行ったほうがいい！」とか、根拠を問われると答えることができないけれど、自分の直感を信じて動いています。

この直感、いつも当たってくれるといいのですが、もちろん外れることもあります。そんなときのための私の座右の銘が「臨機応変」です。最近はそれに「事後調整」もプラスされました。

コトを起こしてしまったのは仕方がない、事後に調整すれば大丈夫！　でもどうにもならなくて、事後調整ができないこともあるかもしれないですが、そこは強引に調整するしかないと思っています。

だから、事前にああでもないこうでもないと時間をかけて悩むよりは、「とにかくやってしまおう！」なのです。事前に悩む時間が取れないということもありますが。もし直感で行動したことで不都合が生じてしまったら、調整すればいい。

「よくわからないから止めておこう」というのはもったいないと思っています。興味があって直感が働いたら、ひとまず動いて、会いに行こう！　そう思っています。

ちなみに、嫌な思いをしたというレベルのことは失敗なんかじゃないと思っていて、たまに調子のいいお話を聞いて、「騙されたらどうしよう」と、思うこともありますが騙されて困るほどのお金を持っていないし、お金を取られる心配はないから大丈夫と思うようにしています。

ただ、私は、守るべきものがあるので、慎重になる部分は慎重になっています。

たまに のみすぎちゃってゴメンネ。
のみすぎたのだ〜〜
ふみゃ〜〜…zzz

私の守るべきものは「私を取り巻く環境そのもの」です。ニジノ絵本屋スタッフをはじめとする仲間たち、一緒に活動している作家さんも含めてとても大切な守るべき人たちだと思っています。

私の言動で、周りの大切な人たちが恥をかいたり不名誉なことにならないようにいつも気をつけています……。

4 こだわりがないからできること

私の場合は、「絵本が大好きで絵本屋さんになりたい！」とか、「絵本を作りたい！」という夢を叶えるために絵本屋をはじめたわけではなく、本当になりゆきでこの仕事をスタートさせてしまいました。

もしこれが、長い間の夢をあたためて自分のお店を持つようになったのだとしたら、私はきっとお店に自分のこだわりをたくさん詰め込んで、周りに意見

を求めることもなかったでしょうし、現状いただいているような叱咤激励系のアドバイスを周りの人がしてくれることもなかったのではないかなと思います。

絵本に対してまったく無知なところからスタートしてしまったので、みなさんがいろいろとお世話をしてくださるのだと思います。いろんな提案やアドバイスをしてもらえることが、とてもうれしいですし助かっています。

絵本作家さんの絵本棚のことも、

「SNSで拡散したら告知につながると思うよ!」

作家さんからのご提案で、みなさんが告知に協力してくださいました。

多くの人に手伝ってもらって作っていくほうがうれしいし、人とのつながりでひとつの棚が作られていく、そのことが本当にうれしいです。

世界観を守ること

絵本屋をはじめてここまで7年、イベントなどの開催や出店、出版などどれも常に初めてのことばかり。絵本屋の仕事は、毎日が試行錯誤でドタバタの連続です。

会社員として業務だけをこなしていた頃なら、目の前のルーティンワークを

淡々とやっていけばよかったのに、何もかもが違いすぎる毎日です。今、私のしていることは、私が決めれば、すべてをなくすこともできるし、続けることもできるのです。

会社員時代と一番違うのは、すべての責任が自分にあるということ。もちろん、当時も責任はありましたが、限られたものでした。

でも、今は絵本屋を運営して絵本を作って売ってイベントをして、というのは全部自分次第。妥協したりふらふらと考えがゆれていたら、できないことがいっぱいあります。そんななかで「自分の決める基準」を作らなければなりません。

その基準は会社の経営方針、スタッフが働く指針、「ものづくり」を行ううえでのブランディングの基準が必要になってくるのです。今まで、感覚でなんとなくやってきてしまっている部分を、他者にいかにきちんと伝えられるかが大事だということがようやくわかってきました。「基準」を作り上げることができてもそれを「伝える」ことができなければ、世界観は守れないのです。それに気がつくのには少し時間がかかってしまいました。

決して強いこだわりがあるわけではありませんが、絵本に関してきっと自分のなかで絶対に曲げていない何かがあるのだろうな、と思うようになりました。その世界観を守るための妥協であれば受け入れることができているのかもしれません。その世界観とはどんなものか、言葉で説明することはむずかしいのですが、結果的に私自身が「好き！」と思えるものが出来上がっていくのだと思います。そしてその「好き！」と思える根源は、好きな人たちと一緒にやっているからだと今ははっきりと言うことができます。

5 絵本屋の色

絵本屋のイメージカラーは黄色。これはどちらかというと、消去法で決まった色で、店舗の壁の色を決めるときに限られた色のなかから選んだのが黄色でした。それからパンフレットや名刺などを作るときにも黄色を使うようになったのですが、元気が出る色で目立つのでとっても気に入っています。

あるイベントのときに、ブースのディスプレイ用に作ったお店の旗を持って行ったら、いろんなお店があるなかで意外と目立たちませんでした。どうしよう、と考えて開き直りました。だったら、自分が目立っちゃえ！

それからは黄色い洋服をユニフォームみたいな感じにして着ることが多くなりました。

そしたら広いイベント会場にいても、

「あ！　あやさん！」

と、遠くからでも見つけてもらえるようになりました。絵本屋をはじめる前から考えるとあり得ない服装です。

黄色のほかには真っ赤や真っ黒のときもあって、全身真っ黒の服を着ていると、魔女みたいでちびっこにはちょっと怖いみたいです。

絵本屋が子どもを怖がらせて大丈夫かと思うこともありますが、これが絵本屋のスタイルなのかなとも思っています。

6 ニジノ絵本屋事務所

1・5坪からスタートしたニジノ絵本屋はあまりに狭く、伝票を広げたりする事務作業のスペースがありませんでした。自社レーベルを出版するようになると、さらに在庫を置くスペースがない！

絵本1タイトルにつき平均して1000部刷っているので、本の保管にはけっこうな場所が必要なのです。

どこかいい場所はないかな？

2015年の冬、物件を探していたときにたまたま出会ったのが、当時のお店から歩いて3分ほどのところにある築50年の2階建アパートでした。

建物はとっても古いのですが、絵本屋からの距離が魅力的な立地でした。

早速、不動産屋さんから、大家さんに話を通してもらったところ、アパートは

老朽化していて1年後には取り壊す予定だけど、それでも良いならどうぞ、とのことで「取り壊すまで」という約束で入居させていただけることになりました。

部屋は4DKと広く、この広さがあれば住居兼事務所として使えそう！　直感で運命を感じたので、ボロボロのアパートでしたが入居を即決しました。

室内も本当に古く、ある程度のリフォームが必要でした。

不動産屋さんに相談して、水まわりなど、プロの方にお願いする部分はお願いし、ほかの部分はお金をかけずに自分たちで直すことにして、壁や棚、建て具など、スタッフみんなで塗りました。絵本作家さん、ミュージシャン、元スタッフ、みんなに手伝ってもらって、契約から1カ月半後にやっと入居できる状態になりました。

古くて冬は極寒ですが、愛着のあるアパートです。

いつも誰かしらスタッフや作家さんが出入りしていて、遠方から来た絵本屋のお仕事仲間たちが宿泊したり、ニジノ絵本屋事務所はみんなで手を入れながら時間を共有する大事な場所となっています。

入居してから1年後、アパートは空き部屋だらけだったので、もう一室を絵本倉庫専用にお借りすることになりました。

いつか取り壊されてしまうのはあまりに悲しいので、物件ごと買い取りたいぐらい気に入っている、古い、古いアパートなのです。

7 レインボーガーデン

ニジノ絵本屋の事務所アパートの周りには小さな庭があります。

最初は雑草が生えているだけだった花壇を、絵本作家のテライシマナさんが、「最低限の野菜があればお腹が空かないでしょう」との思いで、季節の野菜や薬草や花々を植えた菜園にしてくださいました。

「レインボーガーデン」と名づけられたその菜園スペースには、しばらくすると、シソやミント、ローズマリーなどのハーブがぐんぐんと育ち、夏はキュウリやオ

クラ、プチトマトなどの野菜が次々と実をつけてくれて、食卓を彩ってくれるようになりました。

いつしか「レインボーガーデン」は、食べられるお花や植物ばかりのエディブルガーデンになりました。

もちろん無農薬栽培なので安心です！　これまで45種類くらいの色とりどりの植物をみんなで育てました。お花たちが虹の7色になるように植えられたこともありました。その様子は絵本屋のホームページ上のコラムでマナさんが紹介しています。

絵本を描くために南米の森のなかで自給自足の暮らしをしていたマナさんは、その経験から大地は地上にあるものを無償で分かち合ってくれている存在だと言います。そんな自然の恵みを、都市型のパーマカルチャーやギフトエコノミーと考えて、ここで育てたものは、近くに暮らす作り手の仲間やご近所の方にもシェアしてもらい、いつでも自由に収穫していただけるようにしています。

ゲストコラム ⑦

わくわくする女性経営者

駒谷誠（渋谷ビジネス教室代表、経営コンサルタント）

仕事柄、多くの起業家と出会ってきた。そのなかで、あやちゃんの「行動力」は群を抜いている。

文字通り「考える前に動いている」。起業前からそうだったが、起業してさらにそれが加速した。

起業当初、私が教えたことは「とにかく稼ぎなさい」ということ。

ワクワクすることが大好き。人間が大好き。そして頼まれたら断れないあやちゃん。

人としてとてもいい部分なのだが、そこに目を囚われると儲からない。

いい仕事を続けるためには、まず自分がしっかり食べれる状態を作ることが何より大切。

ビジネスの先輩として、それだけはずっと伝えてきた。

そしてあやちゃんは素直にそれを聞き入れ、ベンチャー社長に必要な「厳しさ」を身に付けていった。

とても成長したと思う。本当に日々、頑張っている。

しかし、その日々には、一緒に仕事をしていた仲間と意見が合わないこともあっただろう。

あやちゃんにも辛いことがあったと思う。

誰でも社長になると見る景色が変わる。自分がすべてを守らなければならないからだ。

今まで以上にお客様1人ひとりの大切さをわかるし、すべての責任は自分の肩にのしかかってくる。

楽しいだけではやってられない。

企業としての信頼も作っていかな

ければならない。

　当然、仕事仲間に求めるものは、自然と高まっていく。

　すべては仲間との夢をかなえるためなのだ。


　しかし、そんなとき、仲間からは予期せぬ言葉が返ってくることがある。

「会社を作って変わったね」

「昔はもっと楽しそうに仕事をしていたよ」

　一番、仲間思いのあやちゃんが、仲間のことを思って必死に頑張っているのに、それが仲間には伝わらない。

　みんなが働ける場所を維持しようとしているだけなのに、仲間はわかってくれない。

　それはとても切なく、つらい瞬間だと思う。いっぱい傷つく瞬間だったと思う。


　そんな話を私に報告してくれるとき、あやちゃんはいつものように気丈で、決して仲間の悪口は言わない。

　むしろ「仲間の思いもわかる！　だからもっと応援したい」という言葉が続く。

　全力でぶつかり、全力で傷ついて、そしてまた立ち上がる。

　いしいあやのワクワクする仕事はこれからも続いていくが、彼女ならもっと大きく成功するだろう。

　多くの仲間を率いて、多くの人を幸せにする仕事をするに違いない。

　見ていてこんなにすがすがしくワクワクする女性経営者はいない。

　そして最後には「私もまだまだ頑張っていかないとね！」と笑顔で気合を入れ直し、前を向く。

いつも優しく見守ってくれている
駒ちゃん
働く人の味方☆

〈特別寄稿〉

姉とニジノ絵本屋と私

中島ナオ

一番近くで見るいしいあや

いしいあやと一番時間を共にしているのは妹の私だと思う。少し遅く私が生まれたときからだから、きっと、間違いない。そして一番話をしてきているのも私ではないだろうか。

とくに、ニジノ絵本屋をスタートしたころから、絵本屋のことに限らず、電話、メール、会って話す機会はどんどん増えていったように感じる。

きっと欠点を誰よりもあげられる自信があるが、そんな私が「いしいあや」についてすごいと思うところをあげてみる。

①「知らない」と言える
②人に優しい
③大胆

この3つは、この本の内容を見てもわかるように周りに支えられ、周りを巻き込み、生きている姉が、人と付き合うときのポイントにもなっているのではないだろうか。

①絵本屋をはじめたときは業界について何も知らなかったし、今も知らないことだらけだと思う。

もちろん、知らないでは通用しないことも多いが、知らないと言えるから周りが手を差しのべてくれる。結果、準備ができているかどうか、知っているかどうかはもはや問題ではなく、行動しはじめることができるのである。

そんな彼女の行動を見て心配してきたが、スタッフを雇用するようになってから、とくに法人化してからは明らかに変わってきた。

②常に、姉の周りに人がいるということは、きっと一緒にいやすいのだろう。姉は、細かいことを気にしない。自分に対しても人に対しても。

結果、許容範囲が広い。

そして、意外にマメだ。

「人と長くいることができる」「一緒に住むことができる」というところも、そんな懐の深さからなのか、または周りを「まぁ、いいか」と思わせてしまう何かがそうさせているのだろう。私は気になることが多いので、つい口を出してしまう。「まぁ、いいか」と思えないことはたくさんある。

③姉の「大胆」というのは、「まずやってみる」ということ。「ただ自分が楽しめる」ことに限るかもしれない。もちろん、絵本屋もだから、今がある。

旅とニジノファミリー

2015年夏、絵本屋のメンバーで旅に出た。

スタッフの実家を訪ねる旅だ。当時、スタッフに何かしてあげられることを考えて、起こした行動が、「スタッフの実家に挨拶回りに行こう」というものだった。こんなことを思いついて行動に移すのは姉らしい。

もちろん、自分も周りも楽しいかどうかが前提だ。行きたいから行くのである。そしてご縁を訪ねて会いに行った先で、また新たなご縁をいただき、あとは行きたいところに行き、好きなものを食べる旅。

この旅は、絵本作家のテライシマナさん姉妹も一緒だった。私たちも姉妹。姉妹がふた組も一緒に旅をするというのもまた不思議な話だ。

姉といると「初めまして」の人と一緒になることが多い。昔はよくそれに戸惑った。なぜかというと、すべてを一緒くたにしてしまっている姉の感じが適当に思えたからだ。このときも、マナさんのお姉さんとは初めまして。

それに他スタッフが2人。そう、その半年ほど前に、マナさんと出会ったのも、島根への旅に出発する日の東京駅だった。姉といると、初めて会う人と何かを一緒にするということが多い。その楽しさを大人になってやっと受け入れることができてきた。

そのメンバーが向かった、このときの大きな目的は徳島、阿波踊り！

はらぺこめがねのしんやくんの実家が徳島で、毎年お盆には阿波踊りを踊っていると聞いていた姉は、数年前から「阿波踊りに行きたい」と言っていた。

都立大学では見ない、2人のあつい姿を見ることができ、地元って良いなぁーと、土地が持つパワーを改めて感じた。はらぺこめがねの2人をもっと好きになることができた。

こうして刻まれた時間や思い出は大きい。

共有できる〝時〟〝価値観〟があるというのは、一緒にものづくりをしていく仲間としてかけがえのないものになると思う。旅のあとは、もっと親しくなり、どんどんどんどんファミリー感は増していっているように思う。

個人的には時間を超えたご縁が交差するのもおもしろかった。

私は徳島県・神山を10年ぶりに訪れた。ここは、アーティストが滞在して作品を作ることのできる地域で、「神山アーティスト・イン・レジデンス」という取り組みを行っている場所だ。

年々知名度が上がり、有名な地域になり、作品もお店も増え、時の経過を感じた。そして、広がりを感じた。

だが、変わっていないことも多かった。

お世話になったお父さんの笑顔、お父さんとの会話。そして、地域に対する想い。

変わっていくなかで、変わらないことを持ち続けるというのは、簡単なことではない。だが、だからこそ、長く愛される魅力を持つことができるのだろう。

お客さんが1人でいっぱいになってしまう、小さな小さな場所からはじまった絵本屋もそんな場になっていくといいな、と思う。

かつて、神山でお世話になった人のもとを訪れ、みんなを紹介できた。

またそこからの発見や出会いもあり、またいつか違うかたちで徳島をそれぞれが訪れるのだろう。

とても楽しかった。
とても美味しかった。
とても充実した旅だった。
みんなが笑顔だった。

つながりを求めて地方に行く。今のニジノ絵本屋の「絵本で旅する」スタイルは、このときからはじまった。

支え合い、想像を超えていく明日

実は徳島に行ったときの私は髪の毛がなかった。手術の傷もあった。病気になったあと、初めての遠出の旅がグループ行動となり、不安だらけだった。寝るときどうしようかな。お風呂どうしようかな。

そんなときには、少し頼りになる姉だ。何でも話せて、意見の違いはあれど状況を理解してくれて、何とかしてくれるという言葉は合わないけれど、まぁ、何とかなる。

みんなそんなところも魅力に感じているのかな?と、思う。

私と姉もタイプが違うし、集まるみんなも姉とは違うタイプだけれど、そんな姉のどこかに惹きつけられ集まってきているメンバーは、私にとってもやっぱり心地よい人たちが多い。

性格がまったく違う姉と私は当時からいつも手探り。今も言い合いになることはあるけれど、この1年で話す内容は大分変わってきた。お互い成長もしているのかな!?

絵本屋のロゴ、絵本屋の色、狭いお店について考えていたときには今の姿を想像できていなかった。

想像しきれないのが「いしいあや」で、「ニジノ絵本屋」で、そこを周りがおもしろがっている。一緒にいたいと思わせる魅力なんだろうな。

近くにいると大変なんだけど……どうか末永くお付き合いください。きっと今はまだ想像できないニジイロの展開が待っているはずです。

＊

私は絵本屋の店には立つことがない。では何をしているの?

その時、その年の生活スタイルにより濃さに違いはあれ、ロゴ、デザイン、イベント、編集など、何らかで関わってきた。自分のことと並行しながら。

そして、以前から計画していたわけではないのだが、2017年の年末のタイミングで私も事業を立ち上げた。今後、姉とさらに切磋琢磨していけたらと思う。そして、相乗効果をもたらし合えたら、という淡い期待もある。

私たち姉妹は、計画が意味をなさないような不運なことも多いし、足りないこともたくさんある。そう順調にいかないことはわかっているが、心底信頼できる人が近くにいるのは恵まれていると思う。お互いにとってなくてはならない存在だ。

厳しく意見し合いながら、お互いの、そして、周りの想像を超えていきたい。叶えたいことに向かって。

ナオカケル株式会社代表/デザイナー。いしいあやの妹であり、ニジノ絵本屋の立ち上げ時にはロゴデザイン、店内デザインを手がける。いしいあやを支える厳しい担当。2014年より自らの体験を通して、「ガンをデザインする」ことに取り組む。

ブログ:中島ナオ〝N〟CANCER STYLE

おわりに

ニジノ絵本屋の本が出版されるなんて。本当にびっくり仰天の出来事です。「本が出るのです」と告げると、「どうやって、企画の持ち込みしたの？」とか「自社で出版？」などと聞かれたりしました。

2016年の夏、西日本出版社の内山社長から声をかけていただいたときから今日まで、「本を作る」ということで起こったり出会ったりしたさまざまなコトやヒトに、私はびっくりしていますし、感謝しています。

本を作ることにならなかったら編集の河合さんにも出会えていませんでした。本を書くことが何たるかもわかっていない私と約1年半、付き合ってくれました。自分の内側のことをほとんど話したと思います。今では、親戚のお姉さんのようなちょっと遠くて近い存在に勝手に感じています。

私は絵本を作ったことがあっても、本を作ったことがなかったので、「今自分は、本作りのどこの部分にいるのだろうか？」などと考えては不安になって、「それでも書かなきゃ！」となっていました。

書き終わってみて思うことは、この本に登場している人たち、さらにその人たちをつなげてくれた、書ききれなかった人たちがいて、私は初めて成り立っているのだということです。どの方向から見ても、どの部分を切り取っても感謝しかないということです。

この本は、私の文章とこばやしゆきちゃんのイラストで出来上がっています。現在進行形でゆきちゃんと『木の実とふねのものがたり』という絵本を一緒に作っているので、この本を作る以外にも彼女と過ごすことが多かった私ですが、イラストはゆきちゃんから見た、ニジノ絵本屋が本当に見事にリアルに描かれていて、一番の見所だと大きな声で言いたいです。お話しするみたいに、ゆきちゃんからニジノ絵本屋が飛び出してきています。

本当はこの本をもっと早く仕上げて実物を届けに行きたかった人もいます。人生のタイミングって、測れたり測れなかったり、コントロールできたりできなかったりで、でも毎日はやってくるので進んでいくしかないのですが、私は好きな人がたくさん近くにいてくれるので本当に幸せです。これからも絵本で笑顔をつないでいけるようにしたいです。

「ニジノ絵本屋」がみんなにとっての、〝いてもいい場所〟になれたら嬉しいです。

私が言いたいことは、これからも私の周りのみんなと楽しい時間をたくさん共有していきたいということです。まずは身近な知っている人たちと何か楽しいことを探してやっていこうと思います。

ところで話は変わりますが、2018年3月、この本の編集作業のまっただなか、私は人生で3回目のボローニャに行きました。

日本に残って頑張ってくれているスタッフたち、応援してくれている作家さんの想い、みんなのことを考えると、勇気をもらえると同時に、きちんと次につなげないと、「もう4回目はないかもしれない……」そんな言葉が頭の中をぐるぐる回っていました。

今、私が実感していることは、「最初に決めた通り、きちんと3回行って良かった」ということです。

これが、1回、2回で、ボローニャに行くのをやめてしまったら、私はただの「ボローニャに行ったことがある人」で終わってしまっていたと思います。旅行に毛が生えたようなことしかできなかったでしょう。

3回行ったことにより、1回目がいかに重要で大切な時だったか、去年の2回目がいかに1回目と3回目をつなぐ意味でも重要だったか。それぞれのタイミングの一つひとつに意味があったと実感しています。

そして3回目となった今回は、かわいい絵本をたくさん仕入れてきました。ボローニャとミラノでイベントを4本開催することができました。今の時点では、来年の「4回目」を思うと不安なこともたくさんありますが、今年営業で回った先々の本屋さん、レストランさんなどから「来年来たらイベントをやりましょう」と多々声

をかけていただけました。手持ちで本屋さんに営業をかけたその場でニジノ絵本屋の絵本たちを納品させてもらいました。とてもとてもうれしいことでした。

絵本を持って外の世界に飛び出してみたら、地球はとても大きく広く感じました。でも世界の距離はとても近くみんなと手がつながるかもしれないと思いました。絵本があれば、「そこにいてもいいんだよ」の合図みたいになって、世界中のどこでもリアルにつどえる場作りのきっかけになったら素敵だなと思いました。「絵本が好きと思わなくても、絵本を開いていいんだよ」。この本もそんな本になったらいいなと思っています。

最後になりましたが、出版・書店関係の大先輩のみなさまをはじめ、いつもニジノ絵本屋と私を支えてくれるスタッフや関係者、絵本作家、ミュージシャン、アーティストのみなさま、そして柾さん、小林社長、亀井さん、家族に、この場を借りて感謝申し上げます。

2018年4月

ニジノ絵本屋　いしいあや

8月　みやした公園夏祭り えほんLIVE出演
9月　mamafes 2016 えほんLIVE出演
12月　mamafes workshop 2016 工作ワークショップ出店
イオンスタイル碑文谷店オープニング記念絵本制作・刊行
2017年 1月　**ニジノ絵本屋株式会社設立**（法人化）
3月　ボローニャ国際絵本原画展へ行く、初の海外イベント開催
4月　**ニジノ絵本屋移転、新店舗営業スタート**
5月　絵本作家による選書棚「ニジノ絵本屋棚キャラバン」スタート
今日だけこどもパーク！ in 代々木公園 えほんLIVE出演
7月　The Worthlessとの「ニジノ音楽会」スタート
「7つの絵本プロジェクト」第1弾スタート
□現店長にバトンタッチ
□スタッフに絵本作家加入
9月　店内ワークショップ企画スタート
『ふしぎの国のアリス』リリース
10月　mamafes 2017 Autumn 出店
□経理担当者加入
12月　Culture & Art Book Fair in TAIPEI（台湾）出店、台湾ジュンク堂にて対談イベント参加
出版社として、取次に本を卸している八木書店、多くの図書館に本を納めているTRC（図書館流通センター）と取引契約を結ぶ。全国の書店・図書館への流通の可能性が広がる
2018年 3月　ボローニャ国際絵本原画展へ行く
4月　『野心家の葡萄』リリース

＊イベントは一部抜粋

ニジノ絵本屋の歩み

2011年 1月　**グランドオープン**
□アルバイトスタッフ勤務
3月　絵本の読み聞かせ、ギャラリー企画展スタート
□パフォーマーがスタッフに加入
5月　**子どもの文化普及協会から絵本の仕入れを行う**
2012年 7月　はらぺこ印①『フルーツポンチ』リリース
絵本フェスティバル「虹祭」開催
9月　**オンラインショップオープン**
□スタッフ増員
10月　大手書店での読み聞かせ＆絵本販売会開催
11月　百貨店で初の催事開催
2013年 2月　はらぺこ印②『すきやき』リリース
8月　本格的な初のえほんLIVE開催
2014年 2月　「88さいのえほんづくり」スタート
絵本読み聞かせ＆タップダンスのリズムイベント開催
□営業部長加入
5月　はらぺこ印③『ハンバーガー』リリース、『フルーツポンチ』増刷
6月　とんと・くるる と ともだちくん『はっけようい』『うたいましょう』リリース
10月　初の出張イベント「ニジノ絵本キャラバン」実施
出版社系イベント初参加
2015年 12月　**ISBNコード／書籍JANコード取得**
2016年 1月　絵本ピクニック初開催
3月　ニジノ絵本屋5周年記念イベント開催
初めてボローニャ国際絵本原画展へ行く
□国際部誕生
5月　**ニジノ絵本屋事務所開設**
□元店長勤務スタート

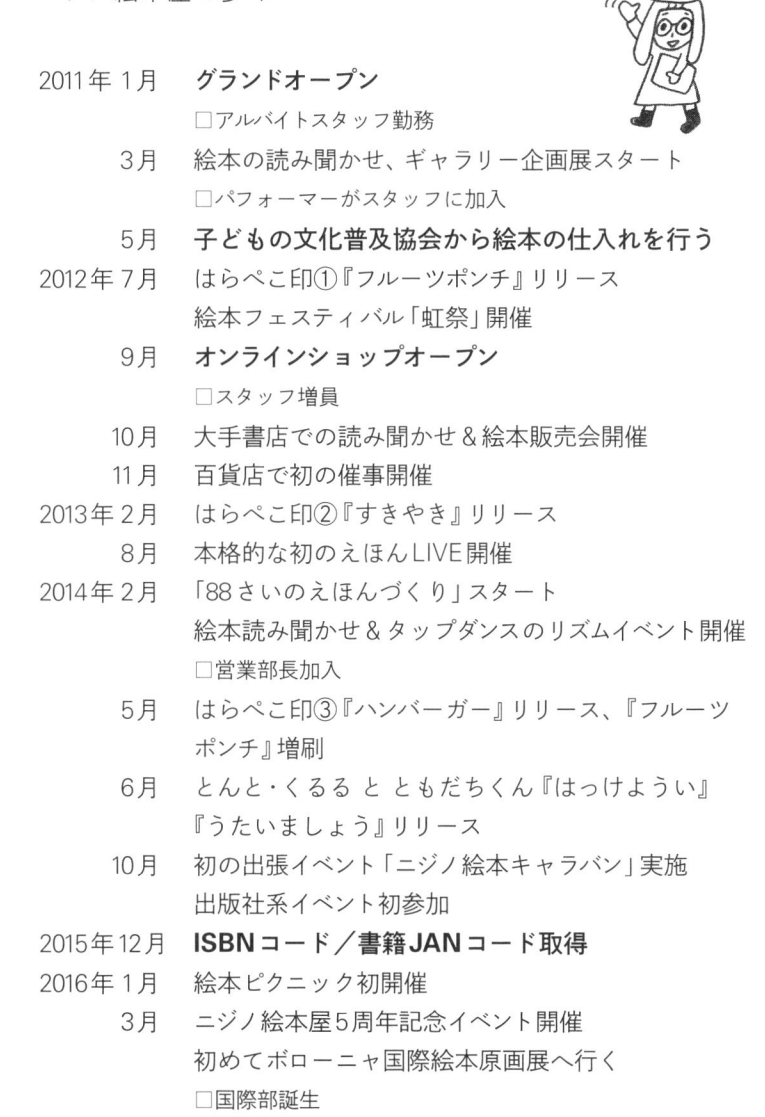

文　いしいあや

絵本専門店「ニジノ絵本屋」代表。2011年「ニジノ絵本屋」オープン。2012年より出版事業をはじめる。ニジノ絵本屋レーベルをはじめとする絵本の企画編集を行うほか、ニジノ絵本屋キャラバンとして「絵本×音楽」「絵本×食」など絵本にまつわるLIVEパフォーマンスおよびワークショップなどのイベント全般を国内外で開催している。あらゆるジャンルとのコラボレーションを模索しながら「絵本」でつながるヒト・モノ・コトで楽しい時間をみんなで共有することを理念に活動している。

ニジノ絵本屋　〒152-0032　東京都目黒区平町1-23-20
http://nijinoehonya.com
https://www.facebook.com/nijinoehonya
https://twitter.com/nijinoehonya
https://instagram.com/nijinoehonya_aya

イラスト　小林由季

絵描き・絵本作家。1990年生まれ。茨城県在住。美術大学で染を学び、卒業後は絵本作家としての夢を持ちつつ、壁画制作やイラスト、デザインなどさまざまなことに挑戦。のちにご縁がつながり、いしいあやさんと出会い本格的に絵本作家として活動をはじめる。2018年ニジノ絵本屋レーベルから絵本『木の実とふねのものがたり』発売予定。
http://yukikobayashi.jp

Special Thanks
はらぺこめがね 原田しんやさん・関かおりさん、宇津原充地栄さん、川口貴弘さん、
佐藤友則さん、さわのめぐみさん、瀬戸口あゆみさん、駒谷誠さん、
この本を作るのにアドバイスをくださった田村セツコさん、山縣彩さん、
そしていつも応援してくださっている世界中のみなさま

本屋さんで、出版社で、絵本パフォーマー。

ニジノ絵本屋さんの本

2018年5月28日　初版第1刷発行

文　いしいあや
イラスト　小林由季

発行者　内山正之
発行所　株式会社　西日本出版社
http://www.jimotonohon.com/
〒564-0044 大阪府吹田市南金田1-8-25-402
営業・受注センター
〒564-0044 大阪府吹田市南金田1-11-11-202
tel　06-6338-3078　fax　06-6310-7057
郵便振替口座番号　00980-4-181121

編集　河合篤子
装幀・組版　納谷衣美
印刷・製本　株式会社シナノパブリッシングプレス

ISBN 978-4-908443-24-4 C0095